부를 이끄는
마음 체력

부를 이끄는
마음 체력

라진수(와와) 지음

지음

20년 이상 재테크 계통에서 수많은 고수와 저자를 만났지만, 가상 숫자가 아닌, 진정으로 부동산 위주의 수익률/현금흐름을 만든 후 멈춰서서 삶이 주는 축제를 오롯이 느끼는 경제적 자유인은 본 적이 없었는데, 이 책을 본 순간 흐뭇한 미소를 짓게 됐습니다.

　한 번뿐인 삶, 숫자적 부자가 넘치는 이 세상에, 자본의 굴레를 벗어나 시간의 여유를 만끽하는 진정한 경제적 자유인이 되고자 하는 모든 분에게 좋은 길라잡이가 될 것입니다. 강력 추천합니다.

－박범영(서현규환아빠), 다음(Daum) 10 in 10 카페지기

운이 좋게 대학교 4학년 때 대기업 그룹사 공채에 합격할 수 있었습니다. 지금 생각하면 인 서울 상위권 대학을 나왔다는 이유만으로 여러 곳의 대기업 입사에 합격하고 골라갈 수 있는 IMF 이전 시기였기 때문에 가능했던 것 같습니다.

하지만 IMF가 터지고 남들은 위축되어 어떻게든 직장에 붙어 있으려고 하는 시기에 무슨 똥배짱이었는지 모르지만 과감하게 사표를 던졌습니다. 그리고 뜬금없이 고시공부를 했습니다. 안정적인 직업을 갖기 위해 안정적인 직장을 내던지는 제 살 깎아먹기 선택을 한 셈이죠.《부를 이끄는 마음체력》의 저자 라진수처럼 기고만장한 시기였던 것 같습니다. 1차 고시 시험 결과 평균 1.4점 차이로 불합격을 하였습니다. 이후 선택을 해야 했습니다. 고시공부를 계속할 것인지, 아니면 다시 재취업을 할 것인지 말이죠.

재취업을 선택했습니다. 당시 연애를 하고 있던 터라 고정적인 수입이 필요했기 때문입니다. 그렇게 대기업에 취직했고, 결혼했습니다. 그리고 아이가 태어났고 비로소 일반적인 직장인이 되었습니다. 가족이 생기고 나니 조금 더 잘 살고 싶다는 욕망이 생겼습니다. 안정된 월급이었으나 그 금액 가지고는 부족했습니다.

그래서 투자를 시작했습니다. 첫 투자는 주식투자였습니다. 초심자의 행운이 있었습니다. 수익이 괜찮았고, 계속 투자 금액을 늘렸습니다. 결국 상장폐지될 종목에 리스크 있는 종목까지 손을 대게 되었고 결국 당시로서는 큰 손실을 보게 되었습니다. 그렇게 손실을 크게 보고 나서야 투자라는 것이 어떤 세계인지 알게 되었습니다.

인플레이션 이상의, 즉 물가 상승률 이상의 추가 수익을 올리려고 하면 투자로 돈을 버는 원리와 방법에 대해서 치열하게, 남들보다 훨씬 더 깊게 공부해야 한다는 것을 알게 되었습니다. 그리고 치열하게 공부를 했습니다. 단순한 투자 기술을 배우는 것이 아니라 투자로 성공한 사례와 실패한 사례들을 모두 공부하였습니다. 공부하게 되면서 참으로 많은 사람을 만났고 그들과 지금도 소통하며 배우고 있습니다. 그렇게 만난 소중한 인연 중 한 분이 바로 와와 라진수입니다. 나와 닮은 삶을 살았고, 같은 고민을 했으며 유사한 시행착오의 시기를 겪었습니다. 그래서 이 책이 더 공감되었던 것 같습니다.

아마도 이 책을 읽고 있을 여러분도 이러한 경험을 했거나 하게 될 것입니다. 그 기간을 겪은 분들께는 힐링의 시간을 선사할 것이고, 앞으로 겪게 될 분들에게는 시행착오를 줄여주고 알토란 같은 조언이 될 것입니다.

– 김학렬, 스마트튜브 부동산조사연구소 소장

라진수(와와) 님의 책《부를 이끄는 마음 체력》은 돈의 달콤함으로 포장된 경제적 자유를 뛰어넘어 돈과 행복이 균형을 이루는 진정한 자유를 추구하는 이야기를 담고 있다. 이 책은 답답한 이 사회를 견뎌야 하는 젊은이에게, 하고 싶은 것들을 하기 위한 최소한의 준비로서 마음 체력을 단단히 하는 투자 공부를 담담하게 들려준다. 코로나는 경제적 자유를 쟁취하기 위한 치열한 삶보다 어떻게 사는 것이 행복한 인생인지를 다시 생각해보는 방향으로 우리의 일상을 변화시켰다. 나는 경제적 자유와 진정한 행복을 추구하는 분들에게 이 책을 꼭 읽으라고 권하고 싶다.

– 앤소니, 수원마스터경매학원장

내가 아는 라진수 작가님은 자유로운 영혼이다. 거친 투자 세계에서 그는 늘 자신의 페이스대로 움직였다. 홀쩍홀쩍 여행도 잘 떠났다. 자신이 원하는 대로 마음껏 인생을 살고 있는 그가 책을 냈다고 하니 기대가 크다. 보나마나 자유의 냄새가 물씬 풍길 것이다. 마음 체력이라는 제목이 그와 너무 잘 어울린다. 이 책을 통해 자유로우면서도 강인한 마음 체력을 기르시기 바란다.

－청울림(유대열), 《나는 오늘도 경제적 자유를 꿈꾼다》 저자

지역분석 강의 때마다 매번 앞자리에서 수강했던 와와 님이 기억난다. 조용한 성격이라고 생각했는데 항상 여기저기서 눈에 띄었고 가끔 대화를 나누다 보면 조금 특이하다 싶었다. 일반 투자자들과는 결이 다른데 무슨 투자를 하는지 궁금하기도 했다. 그런데 이 책을 보고 역시라는 생각이 들었다. 기존 부동산과는 완전 다른 자기만의 투자 이야기가 들어 있다. 경제적 자유에 대한 진지한 고민을 토대로 그만의 투자 철학이 담긴 이 책은 지금 같은 하락기에 많은 사람에게 공감을 주고 큰 위로가 될 것이다. 특히나 부동산에 막 입문하는 사람이라면 투자 마인드 정립을 위해 반드시 읽어보길 바란다.

－골목대장, 발품카페 운영자

미국 샌디에이고 두 달 살기를 하면서 와와 님 부부를 알게 되었습니다. 두 달 동안 가까이 지내면서 '이분 정말 범상치 않은 사람이구나. 맑고 자유로운 영혼을 가진 사람이면서도 투자에 대해서는 남들보다 앞서가는 진화된 시야를 갖고 있구나'라는 생각이 압도적이었습니다.

이 책에도 역시나, 범상치 않은 주제로 경제적 자유인이 되어가는 과정에서 와와 님이 직접 경험한 고뇌와 자기성찰이 그대로 녹아 있는 이 책은 부동산 투자로 경제적 자유를 얻고자 하는 우리에게 정신적 위로와 힐링의 시간을 제공해줍니다.

무엇보다 와닿는 부분이 성공보다는 수많은 실패를 통해 단단하게 성장하는 과정을 가감 없이 보여주면서, 큰 욕심을 부리지 않아도 충분히 노후 생활이 보장되는 와와 님만의 노하우를 엿볼 수 있어서 좋았습니다. 누구나 꿈꿔보지만 바로 실행하기는 어려운 한달살기를 일상생활처럼 실행하고 계신 와와 님의 특별한 삶의 방식을 이 책을 통해 배워보시기 바랍니다.

– 앨리스 허, 《부동산 투자로 진짜 인생이 시작됐다》 저자

투자에 대한 장밋빛 환상을 벗겨주는 책이다. 많은 재테크 책이 꿈을 쓰고, 책을 읽고, 노력하면 나도 성공할 것 같은 환상을 준다. 하지만 실제 투자의 세계는 정글이고 전쟁터다. 이 전쟁터에서 상처와 역경 없이 승자가될 수 없다. 하지만 많은 사람은 자신의 부상 흔적은 감추고, 승리의 무용담만을 나눈다. 그러니 많은 사람은 같은 시행착오를 겪을 수밖에 없다. 이 책의 저자는 자신의 투자 인생에서 거품과 부상의 흔적을 솔직하게 고백한

다. 우리에게 투자가 그렇게 만만치 않지만, 또 포기해서는 안 되는 길임을 가르쳐준다. 투자에 대한 장밋빛 환상보다, 더 실체적인 진실을 보기 원하고 나에게 맡는 경제적 자유의 길을 찾기 원하는 분들께 권하고 싶다.

－심정섭, 《대한민국 학군지도》 저자

리얼 실전 투자 10년 경력에서 몸소 부딪히며 깨달았던 투자의 핵심을 꾹꾹 눌러 담았다. 시중에 흔한 재테크 서적에서는 느낄 수 없는 따듯한 온기가 가득한 책이다. 이 책을 통해 용기를 얻고 스스로 강인한 마인드로 무장해 투자의 세계로 나아갈 수 있을 것이다. 초보가 왕초보에게 전해주듯 투자의 본질부터 다양한 공략법, 마인드 관리까지 경제적 자유인을 목표로 한 당신에게 필독서로 강력히 권한다.

－서울휘, 《월급받는 알짜상가에 투자하라》 저자

자본주의 시대를 산다는 것의 의미
이 시대 힘겨운 당신을 위한, 아니 사실 나를 위한 위로

따사로운 햇살이 내리비치는 4월 어느 평일 오전 11시.

자전거를 타고 나와 도서관에 예약해놓은 책을 빌리러 간다. 블루투스 스피커로 나오는 음악을 들으며 자전거 페달을 돌리는 발가락 사이사이 살랑살랑 스쳐 지나가는 바람 느낌이 상쾌하다.

문득 이런 생각이 들었다. 40대 가장인 내가 평일 한낮 이렇게 한가해도 되나. 이렇게 팔자 좋은 인생이 있을까? 행복한 인생, 성공한 인생이다 싶다.

코로나 발생 불과 6개월 전 2019년 8월 여름 어느 날, 장바구니를 들고 동네 마실을 가는데 아들 1호가 말했다.

"아빠, 오늘 여기 사람 많네요."

"그러게."

무심코 말하면서 곁눈질로 쓱 살펴본 곳은 바르셀로나 관광 중심지 람블라스 여행자 거리이다. 조금 과장하면 전 세계 수많은 여행객이

오로지 이곳을 보기 위해 하루 24시간을 투자해 비행기를 타고 오는 핫플레이스이다. 아침, 저녁 산책길에 세계적 거장, 천재 건축가 가우디가 설계한 건물과 집들을 스쳐 지나기도 한다. 거의 30여 년 전 황영조 선수가 올림픽 금메달을 목에 걸었던 마라톤 코스인 몬주익 언덕으로 아침 조깅을 한다. 가족과 한달살기 중인 이곳은 스페인 바르셀로나다.

액자 밖에서 보면 부럽기 그지없는 그림 속 삶, 왠지 낯설고 비현실적인 느낌이 든다.

한때 이민을 꿈꾸었다.
언젠가부터 치열한 경쟁, 퍽퍽해진 삶들, 날 선 사람들을 보는 것이 두렵고 버거워졌다. 답답한 이 사회, 단조로운 나의 삶이 그냥 싫었다. 딱히 밖으로 나간다고 달라질 것은 없다는 걸 알았지만 막연하게 이민을 꿈꾸었다. 그러던 어느 순간 내게 가장 적합한 인생 포맷을 찾았다.
'한달살기'

굳이 복잡한 행정 절차를 거칠 필요도 없다. 낯설고 새로운 곳으로 이민 가서 정착하여 적응하기 위한 마음고생은 차치하고라도 여행을 좋아하는 나로서는 가고 싶은 곳은 많은데 이민처럼 한 곳에 고정해 살 필요도 없다. 그때그때 편하게 가고 싶은 곳을 한두 달씩 갈 수 있으면 그런 팔자 좋은 인생이 어디 있을까 싶었다.

처음 제주 한달살기는 당시 제주도 열풍이 불 때 아내가 "이렇게 사는 사람도 있네" 하며 신기해하다 "우리도 한번 도전해볼까"라고 제안하면서 시작되었다. 두세 번 제주 한달살기를 한 후 그동안 억눌렸던 소싯적 여행 욕구가 더해졌다. 내친 김에 뭐 다른 게 있을까 싶어 해외로 한달살기를 확장했다.

그렇게 2014년 여름 제주를 시작으로 2019년 바르셀로나까지 코로나가 발생하기 이전까지 매년 한달살기를 했다. 해외 한달살기 첫 거주지로 2016년 호주 시드니를 시작으로 미국 서부 샌디에이고, 미국 동부 워싱턴 D. C. 그리고 스페인 바르셀로나. 매년 도전 아닌 도전을 했다.

이런 우리를 액자 밖에서 보는 사람들의 반응은 대부분 비슷했다. "너무 부럽다" 그리고 "어떻게 그렇게 떠날 수 있죠?"였다. 혹자는 이런 우리 가족을 보며 엄청 부자로 오해하는 사람들도 많았다. 그만한 시간적 여유를 어떻게 만들 수 있는지 궁금해하기도 했다. 흔히 꿈꾸는 경제적 자유인 그대로의 모습을 현실에서 실현한 듯 보이니 말이다.

BUT!

액자 밖에서 보이는 삶과는 달리 생각 이상으로 많은 굴곡을 겪었다. 현재 딱히 경제적 자유를 누리고 있다고 자신 있게 말하기도 힘들다. 미리 말하지만 우리 가족은 당신이 생각하는 것 같은 그런 부자가 아니다. 각자 부의 기준에 차이가 있겠지만 내가 생각하는 상식 안에서 부자가 아닌 것은 확실하다. 한때 경제적 부자는 아니지만 자유인인 걸로 착각했던 시절은 있었지만.

우리가 남과 달랐던 점은 그저 그때 하고 싶은 것들을 미루지 않고 했다는 정도. 그리고 미루지 않고 하고 싶은 것들을 하기 위해 최소한의 무언가를 준비했다는 것, 최소한을 감수하기 위해 무언가는 포기하고 조금은 비울 수 있는 여유를 가졌다는 것이다.

누구도 예상치 못한 코로나 펜데믹을 겪다 보니 그때 그런 결정들을 내리고 도전한 것에 대해 너무나 감사할 뿐이다. 우리에게 최고의 설렘과 흥분을 선사했던 도시의 거리 곳곳에서 수만 명의 사망자로 넘쳐날 줄 누가 예측할 수 있었을까. 앞으로 다시 그런 시대가 올 수 있을까 하는 두려움에 앞서 운이 좋다는 생각이 먼저 든다.

나는 그렇게 능력 있고 뛰어난 사람이 아니다. 과장한 것도 아니고 겸손해서 하는 말도 아니다. 오히려 평균 이하 재능을 가졌다고 생각하는 자격지심이 큰 사람이다. 누군가는 나에게 콤플렉스 덩어리, 열등감으로 점철된 인생이라는 표현까지 했다.

어릴 때부터 난 남들보다 많이 늦는 편이었다. 일명 굼떴다.
손재주가 너무 없어 무엇을 만들고 만지는 것에 대한 두려움이 컸다. 습득하는 것, 이해력도 남들에 비해 상당히 떨어졌다. 남들은 한번 들으면 금세 배우는 것들도 나는 몇 번씩 되뇌이고 되새김질해야 간신히 이해했다. 같은 내용의 강의도 여러 번 듣고서야 이해가 되곤 했다.

무엇보다 스트레스에 너무 예민하고 취약한 속칭 유리 멘탈이다. 아주 조그만 것에도 상처받으면 일상으로 돌아가는 데 애를 먹어 최대한 그런 상황을 회피하곤 했다. 주위 사람들은 내가 착하다고 생각하는데, 지금 돌아보니 착한 게 아니라 조그만 상처도 받지 않기 위한 나만의 착한 코스프레가 내가 사는 방식이었던 것 같다.

이런 능력에 비해서 운이 좋아 사회로 나가는 길은 적어도 남이 보기에는 순탄했다. 대학 졸업 후 IMF 직전, 운 좋게 대기업에 들어갔다. 아주 오랜 기간 다닌 것은 아니지만 보이는 그런 겉모습에 "능력 좋네"라며 사람들은 착각했다. 짧은 첫 사회생활에 만족하지 못하고 어려운 시기 사표를 던지고 대학원으로 도피하기도 했다. 졸업 논문만 남겨두고 또 그 상황을 회피하기 위해 무작정 세계여행을 떠나기도 했다.

인생의 결정적인 순간, 항상 도피처를 찾았던 것과는 달리 겉으로 보이는 이런 내 모습에 사람들은 '떠날 수 있는 용기, 비울 수 있는 용기'가 있다며 착각하고 부러워했다.

30대를 조직에서 보내면서 지독한 갈증을 느꼈다.

내면에 숨겨져 있는 자유로운 영혼에 대한 갈구였을지도 모르지만, 사실 조직에 적응하지 못해 회피하려는 낙오자를 표면적으로 좋게 포장한 변명이다. 그것보다는 스트레스에 취약한 내가 그런 숨 막히고 치열한 경쟁 속에 더 있으면 '정말 죽을 수도 있겠다'라는 위기감에 선택한 또 다른 회피였다. 그 당시 사회의 인정, 그리고 당장의 경제적 여유보다는 오로지 스트레스 없는 삶을 꿈꾸었다.

그 후 무작정 뛰어든 자영업 모드.

초기 예상보다 적은 수입에 잠깐 놀랐지만 내 욕심을 줄이고 대기업 생활의 스트레스에 비하면 이 정도면 충분하다는 생각에 3~4년을 보냈다. 그러나 어느 순간, 넉넉하지 않은 수입에 고민이 되었다. 이런 수입으로 생계가 가능할까 의구심이 들기 시작했고, 미래에 대한 불안으로 잠 못 이루는 몇 주가 흘렀다.

고민 끝에 내린 답은 자본주의에서 필연적으로 선택할 수밖에 없는 투자였다. 본업인 자영업을 하면서도 시간을 쪼개 무언가를 할 수 있다는 희망이 생겼다. 어느 강의에서 들은 경제적 자유(인)라는 단어에 흠뻑 매료되었고, 내 인생에 있어 이만한 목표가 있을까 싶었다.

돌아보니 그때 그 결정은 내 인생에 중요한 터닝 포인트였다. 어쩌면 전화위복의 그 결정적 순간, 몇 년간 펼쳐지는 드라마틱한 일들이 그 사실을 증명했다. 그렇게 생각하게 된 여러 이유가 있지만, 그 시기에 가지고 있는 능력에 비해 운이 좋았다는 자격지심에 내 자존감은 완전히 밑바닥인 상태였다.

그 이후 난 지금까지 내가 살아왔던 공식과 같은 삶과는 완전히 다른 삶을 살게 되었다. 투자하기 좋았던 시기, 나는 경제적 부를 많이 일구지는 못했지만 저 밑바닥까지 내려갔던 자존감이 하늘까지 올라왔다. 나를 사랑하기 시작했다.

그런 시간도 잠시, '인간지사 새옹지마'라는 말처럼 기고만장한 상태도 그리 오래가진 못했다. 자본주의 시스템이 깔아놓은 투자의 세계, 그렇게 잔인하고 살벌한 곳인지 미처 깨닫지 못했다. 그 세계에 뒤섞인 인간세계 욕망과 탐욕의 굴레에서 벗어나지 못하고 악마에게 영혼을 판 대가를 톡톡히 치르기 시작했다. 하늘 높이 솟았던 자존감은 어느새 다시 곤두박질치고 우울증이라는 깊은 늪에 빠졌다. 하루하루 생지옥인 그 상황을 벗어나기 위해 나름 처절하게 몸부림쳤다.

그 과정 속에 많은 것을 깨닫고 느끼기 시작했다. 투자에 대해, 인생에 대해, 나에 대해… 상상하기조차 끔찍한 시간이었지만 지금 되돌아 생각해보면 나를 알게 해준, 내 인생에 있어 너무 고마운 시기였다.

어느 순간부터 사람들은 경제적 자유라는 것을 언급하기 시작했다. 경제적 자유는 돈과 행복의 균형을 이룬 달콤함으로 포장된 채, 자본주의를 살아야 하는 우리에게 최적의 프레임으로 다가왔다. 거부감 없이 절대적 가치를 부여받았고 추앙받기 시작했다. 나 역시 그런 유행에 편승했다.

마흔쯤 투자 세계에 발을 들이고 공부를 시작한 후 거의 10여 년 경제적 자유인을 절대적 선蕃인 양 인생 목표로 추구하며 달려왔다. 하고 싶은 것을 하는 것뿐만 아니라 하고 싶지 않은 것은 하지 않을 자유를 누리며 자기 시간을 누리는 삶. 돈, 시간에 노예가 되지 않고 자기 삶을 주체적으로 살아가는 현대인의 이상향.

하지만 어느 순간 말 그대로 어쩌면 이상일 수도 있겠다고 생각했다. 단지 실천력이 없어서, 노력하지 않아서라고 치부하기에는 자본주의 시스템과 구조는 너무 견고하다. 그리고 어쩔 수 없이 우리는 그런 자본주의 시스템에서 살고 있다.

열심히 산다고 누구나 아는 부자들처럼 되는 것은 내가 아는 자본주의가 아니었다. "이 세상에 부자가 있는 이유는 수많은 안 부자가 있기 때문이다"라는 누군가의 말처럼, 우리가 자본주의에 산다는 의미는 치열한 경쟁 세계에서 누군가는 낙오될 수밖에 없는 것이고, 누군가는 바로 내가 될 수도 있다.

투자 공부를 시작한 이후 이 세계에 들어온 많은 사람을 보았다. 그 뒤 자본주의 허상을 깨닫고 지쳐 쓰러지고 떠난 사람들 또한 수없이 목격했다. 그리고 여전히 환상을 가진 많은 사람이 냉혹한 투자의 세계에 들어오고 나간다.

우리가 열광하고 있는 경제적 자유에 대한 진정한 의미는 무엇일까? 경제적 자유의 기준도 모호했다. 혹시 단어가 주는 이미지가 너무 매력적이어서 허상에 빠져 있는 것은 아닌가? 이런 현실에서 무작정 경제적 자유를 추구하는 것이 맞는지 의심이 들기 시작했다.

마흔에 시작한 투자 공부 후 짧은 기간 많은 굴곡을 겪으면서 경제적 자유인이라는 목표에 집착했다. 수익로봇, 캐시플로cash flow, 파이프라인, 시스템 수익 등 저마다 다른 표현을 쓰지만 근로소득이 아닌 내가 일하지 않아도 돈이 돈을 버는 자본소득 시스템을 갖추는 것이 경제적 자유인의 필수조건인 것처럼 그 목표에 매진했다. 하지만 이 분야 역시 치열한 쥐 트랙 경주 속으로 나를 끊임없이 몰아붙여야 했다. 세상사 모든 일이 그렇듯이 누군가는 성공 신화를 쓰고, 누군가는 실패한다. 거기서 낙오한 나는 조급함에 행한 어설픈 투자들로 그에 대한 대가를 톡톡히 치렀다.

그 이후는 경제적 자유인에 대한 목표가 우선이 아니었다.
말 그대로
사는 것이 우선이었다.

많은 굴곡을 겪고 나니 경제적 자유를 뛰어넘는 그 이상의 자유를 추구해야 한다는 것을 깨달았다. 목표에 너무 집착했다. 이제 내 삶의 목표는 '경제적 자유를 위한 여정(경제적 자유인 프로젝트~ing)'으로 수정되었다. 거창한 목표를 내세우기보다는 자유를 이루는 과정이 소중하다는 것을, 나라는 존재가 없으면 아무 의미가 없다는 것을 깨달은 것이다.

대학 졸업 후 대기업 생활을 거의 10년, 자영업 10년, 이제 또 다른 새로운 삶을 찾고 있는 중이다. 평범한 듯 평범하지 않은 30, 40대를 지나서 우리 대부분이 그렇듯이 인생에 대해 많은 고민을 하고 있다. 생계(현재)도 걱정되고 노후(미래)를 걱정하는 불안과 두려움에 그대로 노출된 것은 다를 바 없다.

대단한 사람은 아닌데 어쩌다 글을 쓰게 되었다. 가지고 있는 능력에 비해 운이 좋아 무난하다면 무난한 삶을 살아왔지만, 왠지 모를 불만과 불안은 항상 내면 어딘가에 박혀 빠져나올 준비를 하는 것 같은 느낌이다.

경제적 자유인, 삶, 돈, 투자, 행복 등에 대한 이야기들을 하고 싶었다. 대단한 글은 아니지만 오히려 대단하지 않아서 많은 사람에게 공감이 가고 자극이 될지도 모르겠다는 생각을 했다.

이 책은 평범한 직장인에서 경제적 자유를 추구하는 투자자로서의 삶, 그리고 치열한 투자 세계에서 욕심과 탐욕에 빠져 악마에게 영혼을 판 대가로 한때 낙오했던 우울증 환자의 고백일 수도 있다. 그 과정에서 늪을 벗어나 일상으로 복귀하기 위해 처절한 시간을 보내면서 깨달은 성찰에 대한 기록이기도 하다. 어쩌면 나의 이야기이자, 오늘을 살아가고 있는 우리 모두의 이야기이다.

그저 뒤처지지 않고 살아남기 위해 수많은 야근과 N잡에도 불구하고 투자 공부에 빠질 수밖에 없는, 악착같이 발버둥 칠 수밖에 없는, 오늘날 영끌 투자로 잠 못 이루고 있는 모든 이에게 이 책이 조금이라도 위로가 되길 간절히 바란다.

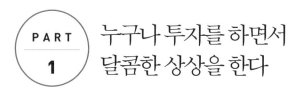

PART
1
누구나 투자를 하면서
달콤한 상상을 한다

1장 90%의 평범한 삶 ― 투자의 세계를 기웃거리다

PART 2 투자에는
마음 체력이 필요하다

6장 경제적 자유인 프로젝트 — 나를 찾아서

누구나 투자를 하면서
달콤한 상상을 한다

1장

90%의 평범한 삶 – 투자의 세계를 기웃거리다

혼돈이 없으면 그 무엇도 탄생할 수 없다.

-아인슈타인

살다 보니
알겠더라

나의 모든 것을 묵묵히 지켜봐 왔다.

나의 30, 40대 흥망성쇠에서 생사를 넘나들던 순간까지.

기고만장했던 천국의 순간에서 생지옥의 나락까지.

그리고 벗어나기 위한 처절한 몸부림까지.

지니Genie, 당신이 알고 있는 알라딘 램프 속 소원을 들어주는 귀여운 요정 그 지니가 맞다. 30대 직장생활, 그리고 40대를 보낸 자영업 그리고 투자자로서의 삶까지 나의 모든 모습을 곁에서 생생하게 지켜봐 온 친구 지니.

18여 년 전 에버랜드 신입사원 시절, 벤치마킹으로 다녀온 디즈니랜드에 가서 사온 머그컵이다. 기념품 사는 것을 그다지 좋아하지 않던 내가 너무나 앙증맞은 모습에 첫눈에 반한 컵이다. 오랜 세월이 지나 그런지 구석구석 꼬질꼬질 손 때 낀 모습이 오히려 더 정이 간다.

　대기업 조직에서의 치열한 경쟁, 경직된 분위기에 부적응, 고민 끝에 퇴사. 직후 세균성 뇌수막염으로 죽음의 문턱까지 갔던 순간, 큰 성취보다는 작은 밥벌이에 만족했던 자영업 초기 시절부터 10년간 쇠락하는 길을 걷는 모든 과정. 필연적으로 선택할 수밖에 없었던 투자자의 삶.

　투자 영역에 입문 후 경매부터 직영건축, 오토 자영업, 사모투자, 장외주식, 상가분양권 등 보통 사람에게는 이름조차 낯선 각종 투자 분야까지 이것저것 물불 안 가리던 시절, 기본을 무시하고 탐욕에 지배당한 나의 모습들을 소리 없이 목격했다. 지니에게는 내 모든 치부가 다 노출됐다. 그러니 나에게는 정이 남다른 친구 같은 존재다.

　지니는 여전히 묵묵하게 예의 그 명랑한 미소를 띤 채 여전히 나를 쳐다보고 있다. 나의 30, 40대 굴곡을 다 들여다본 것처럼, 나의 내면도 다 보지 않았을까.

"살다 보니 알겠더라."

지니는 나의 삶을 보면서 이미 알고 있었을까?

난 특별하지
않았다

나의 30대는 대학원 졸업 후 에버랜드 입사로 시작되었다.

대학원은 공부가 좋아서라기보다는 여행이 좋아서 선택한 곳이었다. IMF 직전에 들어간 회사는 대학전공이나 나의 흥미, 적성과는 전혀 상관없이 무작정 입사원서를 내다 걸린 대기업 유통회사였다. 당연히 20대인 내가 만족할 수 있는 환경이나 분위기가 아니었다. 마음에 맞지 않는 회사에서 일하다 보니 막연하게나마 내가 하고 싶은 일로 밥벌이를 해야겠다는 생각이 들었다.

그래서 선택한 대학원. 여행을 좋아하니 관련된 것이 뭐가 있을까 살펴보다 관광학이라는 분야가 눈에 띄었다. 하지만 대학원에 입학하고 불과 한 학기도 지나지 않아 여행과 관광학은 전혀 다르다는 걸 알게 되었다. 원래 공부에 취미가 있던 스타일은 아니었던지라 학學이라는 것이 붙는 순간, 대학원에서 보내는 시간은 따분할 수밖에 없었다. 어영부영 시간을 보내다 논문 쓸 때가 되었다. 그 순간을 회피하고 싶어 세계여행을 떠났다. 결과적으론 신의 한 수였지만 그 당시에는 명

백한 회피였다.

대단하지 않은 스펙에도 불구하고, 에버랜드에 입사하게 된 것은 세계여행이라는 특이하고 다양한 경험을 인정받았기 때문이라고 생각한다. 하지만 남들 부러워하는 회사에 들어가서도 딱히 만족감을 느끼지 못했다. 뭘 해도 만족하거나 행복하지 않은, 자존감이 바닥이던 시절이었다. 변명조로 "난 에버랜드인 줄 알고 들어왔는데 일하다 보니 그냥 삼성이더라"는 말을 술자리에서 자조적으로 내뱉곤 하였다.

자유로운 영혼에 대한 동경 탓일까. 대기업 특유의 권위적인 분위기에 쉽게 적응하지 못했고, 마냥 싫었다. 무엇보다 낮은 자존감에 생긴 열등감에 내 능력이 조직에 미치지 못한다는 생각은 나를 항상 괴롭혔다. 그리고 언젠가는, 아니 곧 그만두어야겠다는 생각이 머릿속을 떠돌아다녔다. 그럼에도 불구하고 삼성이라는 명함이 주는 사회적인 안정감, 그리고 타인에게서 받는 인정욕구는 그런 결정을 조금이나마 뒤로 늦추게 했다.

유리 멘탈인 나에게 회사의 업무가 주는 스트레스는 너무 크게 다가왔다. 업무가 고되고 힘들어도 이해가 되는 스트레스가 있는 반면, 조직 내 비합리적인 의사결정과 입무로 인한 말도 안 되는 스트레스는 참을 수 없었다.

사표를 가슴에 품고 회사를 그만둘 D-day만을 꼽던 때, 첫 아이가 태어났다. 아무 대책 없이 그만두기에는 아직 덜 뻔뻔할 때였다.

30대 후반,
회사를 그만두다

당시 투자, 재테크에는 문외한이었지만 막연하게나마 최소한의 안전장치는 만들어야겠다고 생각했다. 뭔가를 준비해야 할 시점이었다.

나름대로 머리를 짜서 그 당시 분양받은 서울 아파트를 팔고 경기도 전세로 옮기기로 마음먹었다. 재테크 문외한인 내가 보기에는 서울 집값이 너무 비쌌고, 무엇보다 엉덩이에 돈을 깔고 있는 것이 아깝다는 생각이 든 것은 행운이었다. 되돌아보면 자본주의, 재테크, 투자에 대한 체계적인 공부를 하지 않았는데 그런 마인드를 가지고 있었다는 점은 무척이나 다행스러운 일이었다.

로버트 기요사키가 쓴 《부자 아빠 가난한 아빠》를 읽기 전이었다. 살고 있는 집은 자산이 아니라 꼬박꼬박 비용이 발생하는 부채라고 강조한 것은 후에 알게 되었다.

남은 잉여자금으로 경기도에 월세가 나오는 다가구주택을 샀다. 지인의 부동산에서 제시한 한 장짜리 수익률표만 보고 집 내부를 확인조차 하지 않고 매수한, 지금 생각해보면 도박에 가까웠다. 다행히 10여 년간 효자 노릇을 하기는 했지만 지금 생각하면 회사를 그만두고 싶은 마음이 앞서, 전 재산을 걸고 감행한 무모한 행동이었다. 그때 행동은 나비효과처럼 그 후 10여 년 동안 나의 투자 방향과 투자 과정에 그릇된 메시지를 심어준, 사실상 어설픈 투자자의 전형이었다. 결과는 무난했지만 솔직히 좋은 투자라고 말할 수 없다.

어쨌든 최소한의 안전장치는 마련했다. 회사를 그만둘 이유를 만들었는데 망설일 필요가 없었다. 안정적인 명함을 버리고 새로운 사업을 시작하기로 결심했다. 사실 사업이라고 부르기도 어려운 소규모 자영업이었지만 말이다. 당시에는 그저 극심한 스트레스에서 벗어나겠다는 생각밖에 없었다. 그리고 마침 회사를 그만둘 때 삼성그룹은 김용철 변호사 비자금 폭로 사건과 특검으로 대내외적으로 시끄러운 상태였다. 회사를 그만두고 싶은 타이밍에 적당히 핑계될 명분마저 생긴 것이다.

"이렇게 부도덕한 회사에 다닐 수 없어."

실제로 내가 회사를 그만둘 당시 사내에서는 말도 안 되는 일들이 빈번했다. 언론에서도 많은 기사가 쏟아졌지만 외부 사람들은 상상조차 하기 힘들 정도였다. 내가 꿈꾸는 회사는 분명 아니었다.

대부분 보통 사람들이 꿈꾸는 90%의 삶, 하지만 딱 거기서 벗어나지 못한 시기. 좋은 대학에 들어가서 대기업에 들어가면 인생은 저절로 풀리고 무조건 행복할 줄 알았다. 경험해보니 그건 이 사회가 심어놓은 환상이자 덫이라는 것을 알았다.

거기에 '나'는 없었다.

그렇게 회사를 그만두었다. 호기롭게 회사를 그만두었지만 생계에 대한 걱정, 미래에 대한 불안은 내 마음 깊은 곳 어딘가에 꼭 숨겨져 있었다. 자유로운 영혼 추구라는 것에 앞서 생계는 바로 앞에 닥친 문제이다. 자영업도 시작하고 어느 정도의 월세가 나오고 있어서 당장 생계를 걱정할 단계는 아니었지만 말이다.

가슴 속 깊숙이 감춰두었던 경제적 부에 대한 욕구는 일상에서 조그만 행동으로 표출되곤 했다. 청구서들이 날아오는 환경에서 자유로운 영혼은 말 그대로 사치였다.

재테크와의
만남

　당시 우리나라 최고 회원 수를 자랑하는 재테크 커뮤니티 다음 Daum 텐인텐10in10 카페를 떠올렸다. 사회 초년생 때 가입만 해둔 카페였는데, 이 시기 다시 기웃거리기 시작했다.

　경제적 자유를 이룬 카페 주인장의 범상치 않은 5주간 강의를 듣고 충격을 받았다. 이거다 싶었다. 돈의 노예가 아닌 자본주의에서 자기 삶의 주인으로서 살아가기 위해 꼭 필요한 것은 마인드였다. 강의에서 강조한 것은 경제적 부가 아닌 부에 대한 새로운 마인드 정립이었다. 혹시나 뭔가 돈 될 것이 있을까 기웃거렸던 나에게 신선한 충격이고 자극이었다. 이게 내 인생의 목표가 될 수 있을 것 같았다.

　내가 꿈꾸는 삶, 경제적 자유인의 삶, 나를 위한 삶을 실천하고 있는 롤모델을 찾았다. 고백하자면 경제적 자유인이라는 말은 이때 처음 접했다. 내 인생을 바꿀 단어와 접한 순간, 머리가 깨였던 그때 그 느낌은 아직도 잊을 수가 없다. 파이프라인, 빡빡하게 일하지 않더라도 다

달이 수입이 나오는 파이프를 하나하나 만들어놓으면 돈에 구애받지 않고 평생 자유로운 삶이 가능하다는 메시지는 나에게는 환한 빛이었다. 로버트 기요사키의 《부자 아빠 가난한 아빠》에서 받았던 그 울림이 데자뷔되었다.

우리가 평생에 걸쳐 돈을 벌 수 있는 소득에는 근로소득, 사업소득, 투자소득 그리고 자본소득의 네 가지가 있다. 우리 대부분은 노동으로만 돈을 버는 근로소득에 평생에 걸쳐 목숨을 걸고 일한다. 하지만 이제 자본주의 사회에서는 어떤 수단도 돈이 돈을 버는 자본소득의 속도를 따라갈 수 없다. 자본소득에 대한 막연한 거부감으로 부에 대한 터부를 극복하지 못했던 시기, 하지만 경제적 자유를 실천하고 있는 주인장의 강의는 나에게 자본주의에 대한 반감을 슬며시 사라지게 하였다.

그 당시 당장 급할 것은 없어서 구체적으로 실천에는 옮기지 못했다. 하지만 그때 '경제적 자유인'이라는 단어를 접하고 느낀 각성은 오랫동안 내 가슴 속 하나의 신념, 사명, 신앙으로 자리 잡았다.

마음은 불안했지만 아직은 목까지 차오를 정도로 절박하고 간절한 상태는 아니었다. 그렇게 또 시간은 흘러갔다.

사업을
시작하다

그전까지 난 자영업에 대해 매우 부정적이었다. 잘돼도 행복하지 않고, 안 되면 너무나 비참한 게 내가 아는 자영업의 실체였다. 자영업 비율이 세계 최고 수준인 대한민국이니만큼 내 주위에도 자영업을 하는 분들이 많았다.

장사가 너무 잘되는 분이 주위에 있었는데, 볼 때마다 항상 얼굴에 그늘이 져 있었다. 그분은 주말에도 명절에도 거의 하루도 쉬지 못하고 매여 있었다. 그분의 가족들은 항상 정에 굶주려 있었다. 돈을 많이 번다 한들 그렇게 살고 싶지는 않았다. 무엇보다 난 자유로운 영혼을 추구하고 있었으니까.

반면 자기 돈을 투자하고 가게 문을 열었는데 장사마저 안 된다면? 그것만큼 비참한 것도 없는 곳이 자영업의 세계이다. 자기 월급조차 챙기지 못하고 몸은 몸대로 마음은 마음대로 망가진 상태에서 1~2년 버티다 투자한 돈을 다 날리는 경우를 주위에서 수도 없이 많이 보았다. 사회에 불만이 가득하면서도 대부분의 사람이 월급쟁이에 목매는 이유이기도 하다.

그런 내가 잘나가는 대기업을 그만두고 자영업을 선택한 것이다.

특별한 능력이나 딱히 기술이 있는 것도 아니었다. 그렇다고 준비를 철저히 하고 나온 것도 아니고, 사업을 하기에는 너무 순진하고 소심했다. 우리나라 퇴직자들이 하는 예외 없는 그 죽음의 코스를 애써 도전한 것 자체가 어쩌면 치기에 가까웠다.

"난 그들과 다르다"는 말도 되지 않는 이유 하나. 그리고 무엇보다 회사에 다니다가는 정말 죽을 수도 있겠다는 생각이 들 정도로 받았던 극심한 스트레스에서의 탈출이라는 이유 또 하나.

이런 이유를 들어 대책 없이 그 길로 들어섰다. 물론 자영업을 하면서도 스트레스를 받겠지만, 그래도 말도 되지 않는 상황에서 받는 비상식적인 스트레스보다는 내 돈을 투자한 사업에서 받는 스트레스는 합리적이어서 조금은 낫지 않을까 하는 자기 합리화도 있었다.

심지어 가족들조차 그렇게 스트레스받고 다니려면 회사를 그만두는 것이 낫지 않겠느냐는 말까지 할 정도로 나는 스트레스에 취약했다.

남들 다 하는 조직 생활, 얼마나 의지가 없고 정신이 허하길래 그 정도로 스트레스를 피하고 싶었을까 의아해할 분도 있을 것이다. 사실 난 심각한 의지박약이기도 하니 할 말은 없지만, 회사를 퇴사할 즈음 죽음의 문턱을 넘나든 것을 생각하면 그 압박감은 상상 이상이었다.

회사에 사표를 던지고 남은 연월차를 소진하기 위해 쓰는 휴가 기간 중 갑자기 중환자실에 가는 일이 발생했다. 세균성 뇌수막염이었다.

담당의사가 가족에게 "하루 이틀 안에 준비하시죠"라는 말까지 할 정도로 심각한 상황이었다는 걸 회복한 후에 알게 되었다. 세균 한 마리도 들어가면 안 되는 뇌막에 수십만 마리 치사 수준의 세균이 침투했다. 정상적으로 돌아올 확률은 3분의 1, 3분의 1의 경우 죽을 수도 있고, 나머지 3분의 1의 경우는 살더라도 정상적인 생활은 힘들다고 했다. 원인은 모르지만 일시에 긴장이 풀리면서 그동안 쌓인 스트레스로 인해 면역력이 떨어졌던 것 같다.

그 당시 죽음의 문턱까지 간 경험은 아직도 잊을 수가 없다. 중환자실을 떠올리면 여러 개의 주삿바늘과 응급 의료기기가 주렁주렁 연결되어 의식을 잃은 환자들, 그들에게서 뿜어져 나오는 죽음의 기운이 가득한 음침한 공간이었다. 조용한 침묵의 공간에 내가 들어가는 순간 몇 시간 내내 고성으로 가득했다. 평생 경험하지 못한 고통으로 소리를 지르고 있는 사람은 중환자실에서 유일하게 나 혼자였다. 수치상으로는 의식이 없어야 하는데, 난 온몸으로 그 고통을 온전하게 느끼고 있었다. 아마 생명줄을 꽉 쥐고 있었던 게 아닐까.

그 와중에 주마등처럼 '아직 퇴직 전이니 회사에서 조의금이 나오겠구나' 이런 생각이 얼핏 스쳤던 기억. 아마 그 순간이 죽음 직전까지 갔던 때로 기억된다. 생각 이상으로 회사 생활이 힘들었나, 무의식 중에 눈물을 흘린 것도 생각난다. 감사하게도 3분의 1 확률로 아직 멀쩡하게 생활하고 있다. 죽음의 순간은 불현듯 이렇게도 찾아온다는 걸 실감했다.

짧았던 죽음의 순간을 경험하고 아무렇지도 않은 듯 다시 일상으로 돌아왔다. 퇴원할 무렵 퇴사 처리가 완료되었다. 그 순간을 경험한 사람들은 간증하듯 "죽음을 넘어선 후 각성하고 제2의 다른 삶을 살았다"라고 말한다. 생각보다 더해진 인생을 살게 되었음에도 불구하고 신기하게도 그런 각오가 나에게는 생기지 않았다. 그냥 조금은 과한 스트레스 후유증 때문이라고 생각했다.

돌아보면 회사 다닐 때도, 그리고 퇴사를 결심한 후에도 내 마음가짐은 치열함과는 거리가 멀었다. 무엇보다 욕심이 없었다. 아니, 의욕이 없었다는 표현이 맞을 것 같다. 물론 전혀 욕심을 내지 않은 것은 아니었다.

퇴사 전부터 눈여겨봐 둔 아이템이었고, 무엇보다 치열한 다른 자영업에 비해서 조금 무난해 보였다. 무난해 보였다는 것은 자영업답지 않게 주말이나 여가 시간이 보장되는 것처럼 보였고, 약간의 목돈이 들어가긴 했지만 월급처럼 일정하게 수입이 들어올 것으로 판단되었다. 생각해보면 그렇게 쉽게 돈을 벌 수 있는 것이 어디 있을까. 하지만 그때는 막연하게 될 것 같은 생각이 강했다. 퇴사 전 마련해 놓은 약간의 자본소득과 적당히 일하면서 벌 수 있는 노동소득, 아니 사업소득. 큰 욕심부리지 않으면 생계에 큰 문제는 없을 것 같았다. 그것이 내가 생각하는 경제적 자유를 위한 마인드 정립이라고 착각했다.

내가 선택한 아이템은 절대 망하지 않는다는 유아교육 관련 아이템이었다. 하지만 그건 언론에서 떠들어대던 기사들에 현혹된 착각이었다. 아이들 수가 줄어도 가정에서 아이들에게 투자하는 사교육 분야는 프리미엄 서비스로 성장한다는 의견이 많았다. 내가 10년간 운영하며 몸소 깨달은 것은 21세기 대한민국에서 아이들 관련 사업은 사양산업이라는 것이다. 어느 분야이든 1, 2등이 살아남는 것은 기본적인 법칙이지만, 산업 평균적으로 가장 기본이 되는 파이가 줄어들고 있다. 그것도 유례가 없는 파격적인 추세로 아이들이 줄어드는 것은 치명적인 팩트이다. 그에 반해 경쟁은 어느 분야 못지않게 치열한 곳이 사교육 분야이다.

그 파장은 시간이 갈수록 유아 시장에서 초등 시장, 그리고 앞으로 중고등 사교육 시장으로 옮겨갈 것이다. 최근 성인 평생교육 시장이 커지는 이유는 여기에 있다. 예전에는 거들떠보지도 않던 30, 40대 교육 시장이 넓어진 것도 인구의 변화가 가장 결정적이다.

이런 환경에서 난 뭣도 모르고 꼭지에서 교육 아이템에 자산을 투입한 것이다. 그것도 생계를 걸고. 1년 후 예상 외 적은 수입에 놀랐지만 그래도 예전 스트레스에 비하면 이 정도면 살 만하다고 안일하게 생각했다. 욕심 없이 무난하게 이 정도만 평생 이끌어가도 괜찮을 것 같았다. 그러나 커다란 착각이었다. 획기적인 대책 없이 어떤 노력도 하지 않으면서 평생 같은 수준으로 유지될 수 있다는 생각을 하다니 순진했다. 매년 매출과 수익은 눈에 보이지 않게 시나브로 줄어들기 시작했다.

그때부터 잠 못 이루는 고민이 시작되었다. '여기서 승부를 봐야 하나'라는 생각에 몇 달간 이 분야 1등 지사들을 따라다니며 맨투맨으로 운영 노하우를 배우기도 했다. 하지만 사업 자체의 한계성을 극복할 수 없다는 결론에 다다랐다. 뭔가 결정을 해야 할 시점이었다.

불행인지 다행인지 내가 운영하는 사업의 장단점은 명확했다. 내가 사무실을 지킨다고 매출이 올라가는 시스템이 아니었다. 사무실을 비우면 같이 일하는 분들에게 눈치가 보이긴 했지만 내가 자리를 비운다고 확연하게 매출이 떨어지는 것도 아니었다. 적어도 시간 활용 면에서는 어느 정도 융통성이 있었다. 결심이 섰다. 평일 5일 중 이틀 정도는 다른 일거리를 찾아야겠다는 생각이 들었다. 그런데 그 확보되는 시간에 어떤 일을 할 수 있을까?

몇 년간 가슴 속 깊이 묻어 놓았던 '경제적 자유인'이란 단어가 운명처럼 떠올랐다. 《부자 아빠 가난한 아빠》에서 언급했던 자본소득, 그리고 실제 목격했던 파이프라인으로 경제적 자유인 라이프를 몸소 실천하고 있는 '텐인텐' 주인장의 삶이 스쳐 지나갔다. 파이프라인, 자본소득, 투자, 아니 '경제적 자유인'에 대한 공부를 본격적으로 해야 겠다는 생각이 들었다.

어쩌다 투자 영역에 뛰어들었지만 90% 보통의 삶을 벗어나고 싶었다. 그렇게 자영업과 투자자의 이중생활이 시작되었다.

밥벌이,
그 고상함에 대하여

냉혹한 자본주의 사회에서 자유를 논하기 전 불편하면서도 빼놓을 수 없는 영원한 테마, 즉 밥벌이 그리고 투자는 돈과 부에 관한 이야기이다. 속된 말로 우리가 동경하는 자유인의 기본은 밥벌이가 먼저이다.

"실존은 본질에 앞선다."

-샤르트르(프랑스 철학가, 작가)

우리 인간 대부분은 이성적으로, 형이상학적 이상을 추구하는 존재이다. 하지만 그에 앞서 생존을 해결해야 하는 호모 이코노미쿠스이기도 하다. 생존을 위해, 생계를 위해, 속되 보이는 형이하학적인 것들에 관심을 가질 수밖에 없다. 그런 현실 속에 살고 있는 것을 인정해야 하는 한없이 나약한 존재이다.

투자를 고민하고 본업에 더해 이중생활을 결정하게 된 것도 결국 밥 벌이에 대한 고민 때문이었다. 근로소득이 자본소득의 증가 속도를 쫓 아갈 수 없는 자본주의 현실에서 투자는 선택이 아니라 필수이고 생존 영역이다. 우리가 아무리 돈과 행복의 상관관계를 언급하고 돈과 행복 은 비례하지 않는다고 굳게 믿어도 밥벌이는 최소한의 기본적인 생존 조건이다.

여전히 우리 삶 속에서 치열하게 논쟁 중인 해묵은 질문이 있다.

"돈이 중요한가? 행복이 중요한가?"
"행복은 돈으로 살 수 없는가?"
"꼭 돈이 많아야 행복한가?"

허점이 많은 비논리적인 질문임에도 불구하고 많은 사람이 여기에 집착한다. 자신의 환경에 맞추어 자기 합리화하며 삶을 왜곡하고 해석 하기도 한다.

최근 출간된 수많은 재테크, 자기경영, 자기계발 책이나 강연에서 말하는 결론은 사실 단순명료하다. 특히 돈과 부에 대한 관점은 대부 분 비슷하다(이전에는 다운쉬프트, 슬로 라이프, 자기 행복이나 힐링에 대한 책들이 유행할 때도 있었지만 최근에는 재테크, 자기계발 류의 책들이 유행한 다. 이런 현상 자체가 우리 삶이 점점 더 빡빡해진다는 반증이다. 어쩌면 자본주 의가 계속 확장된다는 의미이다).

돈이 전부는 아니지만 인생에 있어 중요한 한 부분이다. 현실이다.

돈이 많다고 행복한 것은 아니지만, 최소 기준의 돈이 없으면 불행한 삶을 살 가능성이 크다. **돈과 행복은 필요충분조건은 아니지만 최소한 충분조건은 된다.**

언제부터 예전과 달리 왠지 어울리지 않을 것 같은 두 단어, '자유'라는 말에 '경제적'이라는 꼬리가 붙기 시작한 이유이기도 하다. 그래서 경제적 기준 역시 최소 임계치 이상 충분조건이어야 한다. 그리고 그 기준은 각자가 다르다. 때로 우리는 그 기준을 내가 아닌 다른 사람에 맞추면서 우리 스스로를 불행하게 만드는 자본주의 사회에 살고 있다는 것을 기억하고 있어야 한다.

청울림의《나는 오늘도 경제적 자유를 꿈꾼다》에서 "돈은 생활이고 현실이다"라고 한다. 자본주의에 살면서 돈을 부정함으로써 삶이 불행해지는 사례는 수도 없이 많이 볼 수 있다. 수많은 청구서가 날아오고 사랑하는 가족들이 돈 걱정으로 일상생활에서 고통을 겪고 싸우며, 나의 열정과 꿈을 단지 돈 때문에 포기하는 상황을 상상해보라. 이런 상황에서 돈의 가치를 부정하고 '돈이 전부는 아니다'라는 태도를 취하는 것은 이중적이고 위선적이다. 예전에 비해 돈의 관점이 많이 변했지만 우리 사회는 여전히 돈에 대한 이중 잣대를 갖고 터부시하는 것도 사실이다.

하지만 밥벌이, 생계를 생각하면 그런 사고는 일종의 사치이다. 일단 기본적으로 생계수단을 구축하고 더 풍요롭고 자유로운 삶을 추구하기 위해서는 추가적으로 투자라는 행위도 필수인 시대이다. **누군가의 말처럼 가난이 생각보다 훨씬 더 잔인하듯이, 부자의 삶은 생각보다 훨씬 행복하다.**

강조하지만 밥벌이는 중요하다.

자본주의 사회에 살고 있는 한 밥벌이를 무시할 수는 없다. 아니, 밥벌이는 우리 생계를 지탱해주는 고귀한 행위로, 비도덕적이거나 위법적이지 않다면 어떤 행위도 존중받아야 한다. 직업에 귀천이 없고 돈의 귀천도 없다. 어느 책에서 말하듯 돈은 인격체로 다루어야 한다. 비근로소득을 통한 현금흐름도 중요하지만 당장 이번 달 생계비를 책임져주는 근로소득, 노동에 대한 소중함, 돈이 없어도 행복하게 살 수 있다는 말 속에 포함된 최소 기본 전제를 충족하기 위해 우리는 오늘도 밥벌이를 위해 노력하고 투자한다.

밥벌이를 위해, 그리고 조금 더 나은 자유를 위한 투자를 시작할 때, 돈 버는 스킬을 배우기 이전에 이런 돈의 속성, 자본주의 시스템 내면을 이해해야 한다. 우리가 맹목적으로 추구하는 '경제적 자유' 행간에 숨겨진 의미는 무엇이고, 어떤 프레임에 의해 돌아가고 있는지를 먼저 깨닫지 않으면 결국은 언제 어디에선가 반드시 탈이 난다.

특히 조금 늦은 나이에 투자 공부를 시작하는 사람에게는 남들보다 뒤늦게 시작했다는 조급증이 있다. 조급증은 투자에 있어서 가장 큰 장애물 중 하나이다. 알면서도 모두 간과하기 쉽지만 그래서 또 한 번 강조해도 지나침이 없는 덕목이 이런 시스템의 속성을 이해하는 것이다. 더불어 돈에 관한 공부 이전에 확고하게 자기만의 마인드를 정립하는 것이 최우선적으로 중요하다.

최소한 경제적 임계점을 넘기고 이런 속성을 이해하고 투자할 때, 경제적 자유인을 향한 여정을 포기하지 않고 계속 나아갈 수 있는 힘이 생긴다는 것은 뒤늦게 알았다. 자영업과 투자자의 이중생활을 시작한 마흔, 그 당시 난 그런 개념이 없었다. 나는 밥벌이의 고귀함을 모른 채 그저 돈을 좇아가는, 고상하게 살고 싶은데 돈은 많이 벌고 싶은 어설픈 투자자의 전형이었다.

2장

인생의 고비에서 투자를 시작하다

"남들보다 더 잘하려고 고민하지 마라.
'지금의 나'보다 잘하려고 애쓰는 게 중요하다."
– 포크너

자본주의 필수 시스템, 경매를 접하다

자영업과 투자자의 이중생활을 결심한 후 처음 경매라는 것을 배웠다. 이때까지 경매는 나와 전혀 상관없는 다른 세상의 제도였다. 단지 TV나 영화 속에서 빨간 차압 딱지 붙어 있고, 옆에서 우는 장면만 상상되곤 했다. 웬지 경매를 하면 남의 것을 빼앗는 나쁜 사람인 것 같은 느낌이 강했다.

사실 경매는 자본주의 필수 시스템이다. 경매라는 시스템이 없으면 사회에 원활하게 돈이 돌아가지 않는다. 돈을 빌려주고 돈을 돌려받을 수 있는 최후의 안전장치가 없으면 사회에서 돈줄은 막힌다. 즉 경매 제도가 없으면 자본주의 사회에서 우리 몸에 피와 같은 돈이 돌지 않아 경맥동화가 생긴다. 이런 간단한 경제/금융에 대한 개념이나 지식조차 우리는 교육받지 못하고 자라왔다.

경제적 자유는 단순히 경제적 이익을 통해 개인적 자유를 추구하는 것이 아니다. 그 본질을 알고 자기 상황에 맞게 자신만의 라이프 스타일, 가치관에 대한 기준을 정립하고 실천하는 것이 핵심이다.

우리가 어려서부터 받은 교육은 열심히 공부해서 좋은 대학에 들어가고, 월급 잘 나오는 좋은 회사에 취직하고, 결혼해서 아이를 낳고 키우는 전통적이고 전형적인 공식을 따르도록 강요했다. 나 역시 이때까지 그 틀을 벗어나지 못하고 충실히 그 패턴에 따른 삶을 살아왔다.

경매라는 것을 알고 난 후 내가 지금까지 살아왔던 세계와는 다른 세상이 있는 것을 알게 되었다. 어떤 의미에서 자영업의 위기 순간에 선택한, 내가 사는 세상에 대한 공부는 전화위복이 된 셈이다.

평일 낮, 지인이 추천한 수원 모 경매학원에는 생각보다 많은 사람이 경매를 공부하고 있었다. 내가 알았던 평일 낮의 세계는 월급쟁이든 자영업자이든 생계를 위한 삶이었는데, 이런 세계가 존재한다는 자체가 꽤 신선한 충격이었다.

경매에는 다양한 삶에 대한 이야기가 숨겨져 있었다. 누구나 자기 재산이 경매에 넘어가는 것을 원하지 않는다. 하지만 우리 사회에는 어쩔 수 없는 상황과 각자 삶의 사연들이 쏟아지는 경매 물건들에 녹아 있었다는 것을 알게 되었다. 누군가는 필연적으로 이런 경매물건을 낙찰받고, 그 결과에 따라 다시 사회에는 따뜻한 피가 돌아가는 것이다. 지금은 경매가 대중화되어 부정적 느낌도 많이 사라졌다.

왕복 4시간이 걸리는 학원을 다니며 부지런히 경매를 배우기는 했지만, 여전히 낯선 삶에 대한 두려움과 불안이 지배하고 있었다. '내가 과연 할 수 있을까? 과연 이렇게 하면 돈을 벌 수 있을까? 그리고 이렇게 돈을 버는 것이 맞나?' 하는 의구심이 여전히 머릿속을 떠나녔다. 그런 와중에도 나와 같은 시기에 공부를 한 학원 수강생들은 마트에서 쇼핑하듯 연일 아파트들을 사 모으고 있었다. 천성이 소심한 스타일인지라 겁부터 덜컥 났다. 그때까지도 내게 부동산, 특히 주택이나 아파트라는 것은 내가 사는 집 한 채만 있으면 된다는 생각이 지배적이었다.

되돌아보면 이 시기는 수도권 아파트 시세가 말 그대로 바닥이었고 투자하기에 최고, 최적의 시기였다. 하지만 내 안에 자리 잡은 편견들로 난 그 대열에 합류하지 못했다.

내 머릿속에는 회사를 그만둘 때 어설프게 투자한 다가구주택 월세 수익의 달콤한 기억, 그리고 텐인텐 카페 주인장이 설파했던 파이프라인이라는 키워드에 집중되어 있었다. 단순히 사고팔아 챙기는 단기 수익은 내 스타일에 맞지 않았다는 변명, 그런 수익은 불로소득이라는 죄책감도 여전히 존재했다. 지금 되돌아보면 자본주의 본질과 툴을 이해하지 못한 대가를 치른 셈이다.

그렇게 경매 기초 과정 수강 후 6개월이 지나고 나서야 첫 입찰에 도전했다. 그리고 덜컥 낙찰되었다. 그것도 입찰한 공장 3개 호실 전부(아파트형 공장, 현재는 지식산업센터로 이름이 바뀌었다). 경매 공부 시작 후 약간은 쫓기는 마음에 입찰한 그때 느낌이 아직도 생생하다. '설마 안 되겠지. 제발 떨어져라.' 경매법정에서 내 이름이 세 번 연속으로 불리는 순간 심장이 쿵쾅쿵쾅, '괜한 짓을 한 건 아닌가?' 겁밖에 나지 않았다.

그나마 다행인 것은 '안 되면 말지' 하며 크게 무리하지 않고 비교적 저렴하게 입찰가를 적었다는 것이다. 훗날 복기해보니 경매에서 일단 저렴하게 사면 어떻게든 해결이 된다, 그리고 수익을 내기 위해서는 어쨌든 실행해야 한다는 교훈을 얻었다. 실행력에 더해 무리하지 않는 투자여서 그런지 내 어설픈 투자 히스토리 중 가장 프로세스에 충실한 투자였다. 그리고 무엇보다 수익률이 높은 사례여서 투자자로서의 이중생활 후 첫 투자 성과치고는 나쁘지 않았다.

직영건축,
제주에서 도전하다

6개월 동안 비슷한 관심을 가진 분들과 몇 번의 스터디 끝에 엄청난 결정을 내렸다. 제주에 조그마한 땅을 사서 동업으로 집을 직접 짓기로 한 것이다. 주위에서 직영건축을 한다고 하면 10년은 늙는다고 한 시절이었다. 온라인 스터디 모임에서 만나 6개월도 안 된 인연의 사람들끼리, 그것도 도시락 싸들고 다니며 말릴 정도로 하면 안 된다는 동업으로 말이다. 게다가 그 먼 제주까지 가서 직영건축을 한다는 말에 모두 아연실색했다.

스터디 자체는 그 당시 베스트셀러였던 한 권의 책에서 시작되었다. '자본주의 시스템에서 부를 창출하기 위해서는 피라미드 상위 단계로 올라가야 한다. 그래야 경쟁자도 적고 수익률도 높다. 무엇보다 그동안 머물러 있던 소비자의 삶에서 생산자의 삶으로 업그레이드된다' 라는 문구에 푹 빠져 있었다.

스터디를 통해 그런 사례들을 실제 접했고 놀라운 수익률을 확인한 상태였다. 흥분된 마음에 더욱 적극적으로 조사하고 임장을 다녔다. 수요가 어느 정도 늘어날 곳으로 예상되는 곳에 대한 사전조사를 바탕으로 수도권 위주 토지들을 샅샅이 찾아 살피고 다녔다. 계약 직전까지 갔다가 실측한 도로 폭이 좁아 계약이 무산되기도 했다.

그러던 중 스터디에서 알게 된 분이 제주에 적당한 크기의 토지를 소개해주었다. 위치도 나쁘지 않았고 무엇보다 그 당시 제주는 외지인의 급격한 유입, 한달살기 유행 등 제주 열풍이 한참 불던 때였다.

여러 번 토지 매입 검토 과정에서 시행착오를 겪고 난 후에 주어진 이번 기회에 결단을 내리기 전, 나는 마음속으로는 이미 결정을 내리고 있었다. 큰 욕심 내지 않고 공부한 것을 토대로 일단 도전해보자. 흔히 말해 안 되면 수업료를 낸 셈 치자는 치기 어린 생각까지 했다. 어찌 됐든 동업으로 리스크를 분담해서 그런지 처음 도전하는 실행에 대해 불안보다는 말로 설명하기 힘든 왠지 모를 여유를 가지고 있었다.

몇 가지 사전조사를 하고 최종 결정을 내리기 전 제주행 비행기. 드디어 본격적으로 새로운 나의 길을 간다는 설렘을 숨길 수가 없었다. 현장 답사 후 망설임 없이 토지를 매입했다. 무모하고 대단한 도전을 결정한 초여름 제주, 쾌적한 바람이 더없이 상쾌했다.

그때부터 건축하는 약 6개월간은 새로운 경험의 연속이었다. 어렵고 낯설기도 했지만 하나하나 알아가는 과정이 정말 재미있었다. 공사 중 자청해서 제주에 갈 때마다 더할 나위 없이 즐거웠다. 다른 동업 멤버들은 미안해했지만 사실 출장 삼아 한 달에 두어 번씩 가는 제주는 나에게는 에너지 충전원이었다. 난 영락없는 제주 바라기였다.

신기하게도 낯선 분야의 리스크 있는 첫 도전이었음에도 만약에 생길 수 있는 두려움도 없었다. 일을 이렇게 신나게 할 수 있구나, 그리고 이제 정말 새로운 인생을 열어가는 느낌이었다. 그저 내가 대견했다.

직영건축 특성상 토지 매입 후 설계부터 기초 터 잡기, 세세한 자재 선정 및 구입, 기초공사, 내외장 공사, 인테리어 등 하나부터 열까지 모든 것을 직접 선택해야 했다. 물론 건축을 도와주는 멘토가 있었지만, 끊임없는 의사결정은 직영건축의 필연적인 과정이다. 운이 좋아서인지 동업한 분들끼리 이렇다 할 의견 충돌이나 갈등 없이 직영건축 첫 도전치고 무난하게 진행되었다. 그렇게 하나의 집이 완성되었다.

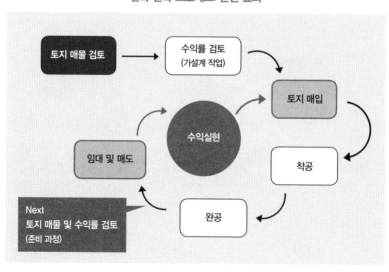

신축 건축 프로세스: 순환 효과

우리가 상상하는 제주 특유 전원주택은 아니었다. 하나의 파이프라인이나 수익 모델로써 하나의 방법을 테스트한 자그마한 수익형 건물이었다. 한참 달아오른 제주 투자 열기 덕에 준공 전에 이미 어느 정도 임대를 맞출 수 있었다. 그리고 우리가 목표로 했던 가격을 제시한 제주 현지인에게 바로 매도했다. 적지 않은 수익이 났지만 조금만 생각해보면 그때 팔면 안 되는 물건이었다. 하지만 처음부터 너무 욕심 부리지 말자는 최초 동업 기준에 따라 목표 수익률을 달성하고 넘겼다.

처음부터 끝까지 건축에 대한 투자 프로세스를 경험해보니 다른 분야로의 확장도 가능해 보였다. 파이프라인 구축을 통한 경제적 자유에 목말라 있던 나에게 새로운 문이 열리는 것이 보였다.

투자로 맺어진 인연들: 투자의 신세계를 만나다

투자 세계로의 진입은 조금 거창하게 표현하면 지금까지 내가 살아왔던 정해진 공식 같은 삶과는 완전히 다른 삶, 분야로의 도전이다. 무엇보다 관심사가 비슷하고 대화 주제가 한정적이었던 기존의 주변 사람들과는 일정 부분 다른 결을 가지고 다른 태도를 취해야 했다.

새로운 인생을 살면서 새로운 인연을 많이 맺었다. 무엇보다 예전 인연들과는 성격이 많이 달랐다. 대한민국의 전형적이고 암묵적으로 강요된 방식으로 살아온 나의 인생과는 완전 다른 삶을 산 사람들. 그동안 왜 내 곁에서는 이런 사람들을 발견하지 못했을까 싶었다. 일찍 만나지 못한 것이 안타까울 정도로 그들에게서 풍기는 인상과 느낌은 강렬했다. 그 열정을 감당할 수 없을 정도로 계속 내면에서 무언가를 샘솟고 분출시키는 사람들. 흔히 아는 90% 우리네와는 결이 달랐다.

그들을 볼 때마다 나에게 강한 자극이 되었다. 때로는 평생 소극적으로 살아온 내가 그 넘치는 기를 감당하기는 쉽지 않았다. 그들에게서 샘솟는 아이디어들이 내 가치관과 충돌을 일으키기도 해서 애써 피하려고도 했다. 그런 상황들이 여전히 나를 주눅 들게 만들기도 했다. 하지만 절박한 처지인 내게 주어진 삶의 기회라고 생각하니 놓칠 수 없었다. 나의 가치관을 수정해 관련 모임, 스터디에 더 적극적으로 참여하기 시작하면서 내 삶에 활기가 더해졌다.

그동안 내가 살아온 삶은 부지런함과는 거리가 멀었다. 아니, 선천적으로 게으른 편이었고 그것에 대한 어떤 부끄러움도 없었다. 그런 것이 여유로운 삶이라고 나를 합리화했다.

무엇보다 오랫동안 저 바닥까지 내팽개쳐져 있던 내 자존감이 조금씩 올라오고 있는 느낌이 들었다. 좋았다. 그 느낌을 나의 것으로 꼭 잡고 싶었다. 나를 바꾸어주는 전환의 기회를 절대 놓치고 싶지 않았다.

관련된 모임, 아니 내가 조금이라도 관심 있는 모임을 닥치는 대로 찾아서 참석했다. 경매를 시작하면서 책도 많이 읽었지만 무엇보다 주위에 다양한 관심을 가지게 되었다. 관심이 없을 때는 몰랐는데 내 주위에 실제 경매물건이 그렇게 많은지도 실감했다. 심지어 지인이 전세로 살고 있는 원룸도 경매로 나왔고, 내가 살고 있는 아파트 아래층 집도 경매로 나온 것을 알게 되었다.

모임에 참석하다 보니 다른 모임도 알게 되고 고구마 줄기처럼 그 안에서 여러 다른 모임이 파생되었다. 어느 정도 시간이 지나고 나니

이 모임에서 봤던 분들을 저 모임에서 보기도 하고 그렇게 갈증 나는 사람들과 점점 궤를 같이 하고 동선들이 중복되기도 했다. 그런 분들을 통해 소개받거나 또 알게 된 강의, 스터디에서 연결된 또 다른 사람들과 또 다른 인연을 맺었다. 몇 개월간 그런 과정이 무한 반복되었다. 모두가 자발적으로 참여한 만큼 거기서 뿜어져 나오는 끼와 열정들은 대단했다. 이런 사람들과 함께라면 불가능할 게 없을 것 같았다. 혼자서는 차마 엄두가 나지 않던 일들도 같이 얘기하고 조금씩 조사하다 보면 다 이루어질 것 같은 기대도 생겨났다.

지금 생각해보면 삶에 있어 중요한 것은 부가 아니라 사람이라는 생각이 든 것도 아마 이 시기를 거쳐서인 것 같다. 그 이후 많은 굴곡을 겪었지만 그때 맺은 소중한 인연들이 아직도 내 힘의 밑바탕이 되고 있다.

당시 재테크, 특히 수도권 부동산 초기 상승 시기였다. 다양한 스터디 모임과 강의, 커뮤니티 카페들이 하나둘씩 생겨나고 있었다. 초기 모임들이 대개 그러하듯이 그때 맺었던 인연들은 지금도 끈끈함으로 남아 있다. 남들이 몰려들기 전에 시장을 선점했던 사람들만의 특유의 여유도 있지만, 무엇보다 초기 낯선 투자 세계에 뛰어든 불안함을 공유하고 위로하며 서로에게 힘이 된 인연이다. 물 들어올 때 노 젓는다고 어느 순간 우후죽순 여기저기 비슷한 모임들이 생겨난 후에도 초기에 만난 그때 인연들이 가슴에 일종의 훈장처럼 새겨져 있다.

지금은 각종 언론이나 TV에서 볼 수 있는 이 분야 초고수들과 맺은 그 인연은 때로는 행운으로, 때로는 독으로 작용한 것을 알게 된 것은 시간이 더 지난 후였다. 고수를 많이 안다는 것이 일종의 권력이라는 것을 알았다. 지금은 언론, 미디어에서나 볼 수 있는 쟁쟁한 분들을 개인적으로 안다는 것만으로 마치 내가 그들과 같은 수준인 듯 착각했다.

블로그,
인생을 바꾸다

고백하면 난 아날로그 지향적이다. 더 정확히 말하면 어려서부터 기계치이고 디지털맹이어서 아날로그 지향적이라기보다는 디지털에 취약하다는 표현이 더 정확하다. 당연히 SNS를 즐겨 이용하는 편이 아니었다. 블로그라는 것이 무엇인지도 몰랐고, 무엇보다 그 당시 스마트폰이 아닌 2G폰을 쓰는 전형적인 디지털맹이었다. 많은 사람이 쓰고 있는 내비게이션조차 쓰지 않는 것을 남과 다르다는 이유로 오히려 자랑스러워했다. 그런 내가 투자를 시작하고 1년이 지날 때쯤 블로그라는 것을 시작했다.

한참 자유에 목말라하며 경제적 부를 추구하는 사람들과 자주 스터디를 하던 투자 초기, 스터디에는 나와 같은 절박한 심정으로 모인 사람들이 많았다. 일하는 분야도 다양하고 살아온 방식도 다르고 나이대도 20~50대까지, 이런 특이한 구성원 모임이 있을까 싶었다. 매주 한두 번씩 모여 서로의 관심사를 공유하며 인생을 풍요롭게 해줄 수 있는 아이템, 그동안 경험하지 못한 새로운 것들에 대한 아이디어를 경쟁적으로 폭발시키고 있었다. 도대체 저런 에너지들은 어디에서 저렇게 샘 솟는지 궁금했다.

그러던 어느 날 내가 참석하지 못한 모임이 있는 것을 알게 되었다. 나에게만 따로 문자메시지로 모임 공지가 왔었는데, 어느 순간 톡으로만 공지가 진행되면서 끊겨버린 것이다.

고민이 시작되었다. 내 가치관을 포기하고 스마트폰을 살 것인가? 지금 생각해보면 우습지만 당시 내 입장에서는 며칠 머리 싸맬 정도 큰 고민거리였다. 이 모임만은 빠지고 싶지 않다는 생각이 강렬했다. 2주간의 고민 끝에 결국 스마트폰을 구입했다.

거의 20년간 유지해온 아날로그 감성을 버리는 순간, "도전이 필요한 지금이다"라고 표현할 정도로 나는 비장했다. 인생에 있어 은근히 아웃사이더, 자발적 왕따를 즐겨온 나였는데 여기서는 소외당하고 싶지 않은 마음이 컸다.

모임에서 나에게 큰 영향을 준 리더가 "블로그 꼭 해보세요. 블로그로 인생이 바뀝니다"라면서 블로그 글쓰기를 추천했다. 당시 나에게 영향을 많이 주었던 분이 하는 조언이라면 무엇이든 해야겠다는 생각이 들었다. '그래 죽이 되든 밥이 되든 딱 1년만 해보자, 1년 뒤에도 별거 없으면 그때 그만두면 되지.' 이런 생각으로 시작했다. 그리고 거짓말처럼 내 인생이 바뀌었다.

처음 블로그를 시작할 때 비슷한 시기에 블로그를 시작한 이웃들로 인해 지치지 않고 힘든 시간을 버텼다. 말이 쉽지, 하루 하나의 포스팅 글을 쓰는 것은 평소에 별로 글을 써보지 않는 사람들에게 버거운 도전이다. 블로그가 하나의 의미 있는 톨로 자리 잡기 위해서는 초기에 어떻게 글을 쓰고 얼마나 꾸준히 쓰느냐에 따라 정착 유무가 결정된다.

매일 1일 1포스팅을 하기 위해 일과를 마치고 하루가 지나기 전 졸린 눈을 비비며 글을 올렸다. 때로는 지하철에서, 자투리 시간이 조금만 나면 카페나 공간을 찾아 어느 곳에서든 글을 올리며 집중했던 시기였다. 지금 생각하면 웬만하면 몰입하는 게 힘든 내가 어떻게 그렇게까지 집중했는지 모를 정도로 그 재미에 홀딱 빠졌다.

블로그는 일반 글쓰기와는 다르다. 단순히 글을 쓰는 매체가 아니라 디지털 사회를 살아가기 위해 자기를 관리하고 홍보할 수 있는 퍼스널 브랜딩 구축을 위해 최적화된 툴이다. 최근 블로그보다는 영상을 기반으로 한 유튜브가 대세로 자리 잡고 있지만, 여전히 블로그는 디지털 사회 가장 기본 매체로써 인생을 바뀌게 할 수 있는 기본 중의 하나다. 동영상이 대세가 된 지금도 전통적인 블로그 신봉자가 많은 이유이기도 하다.

블로그를 시작하면서 주위에 대한 관심이 폭발적으로 늘었다. 원래 호기심과는 거리가 먼 내가 글을 쓰기 위해 그동안 무심했던 주변을 둘러보며 관심의 폭과 깊이가 확장되었다. 글을 쓰면서 표현력이 향상되는 것은 사실 보너스일 뿐이다. 무엇보다 블로그라는 새로운 툴을 접하면서 그동안 내가 갖고 있었던 편견을 깬 것이 가장 큰 소득이었다.

디지털 시대 온라인에서 맺은 인연, 관계에 부정적이었던 내게 블로그는 그런 편견을 여지없이 무너뜨렸다. 힘든 시기를 지나고 있는 나에게 지금도 에너지를 주고 곁에서 큰 힘이 되는 분들은 놀랍게도 그때 인연을 맺었던 분들이 많다. 그동안 사람 관계의 정은 오프라인에서 알게 된 기간과 정비례한다고 생각한 나의 오랜 고정관념도 깨졌다.

블로그에는 오프라인에서는 볼 수 없었던 또 다른 정이 있었다. 느슨한 관계의 견고함을 느낄 수 있었다면 너무 거창한 표현일까. 블로그에 글을 쓴다고 당장 내가 변화하고 성장한다, 수익을 올릴 수 있다, 이런 거창한 목적들을 기대하기보다는 일단 블로그 글쓰기를 한번 해본다면 여기서 말하는 인생이 바뀐다는 의미를 몸소 체험할 수 있을 것이다.

블로그를 시작하고 1~2년 지난 후 오랜 기간 블태기(블로그 권태기)도 겪으며 방치하기도 했지만, 8년째 끈을 놓지 않고 있다. 다행히 초기에 최적화된 블로그 덕에 방치 기간에도 조금씩 숙성되고 영글어 슬럼프 극복 후 다시 돌아갈 수 있었다. 8년 전 블로그 멤버 중 살아남아 지금도 활동하고 있는 이웃분들은 10%가 안 된다고 하니 누구 말마따나 육아 다음으로 힘든 것이 블로그라는 말이 실감 난다. 그 블로그 덕에 나는 아직도 그때 맺은 인연과 소중한 관계를 유지하고 있다.

투자의 시작과 끝은
사람이다

투자자의 삶 이후 내 인맥의 큰 세 줄기는 여기서 파생되었다.

어설프게나마 투자의 관심을 갖고 접근한 다음 재테크 카페 텐인텐, 그리고 실질적인 투자 첫걸음을 뗀 수원 마스터 경매학원, 블로그 모임으로 줄기를 쳐서 나왔던 현재 재테크 사관학교로 불리는 월급쟁이 부자들과 각종 카페 스터디로 맺은 초기 인연들.

굴곡을 겪으면서도 지금까지 "투자는 결국 사람이다"라는 의미를 되새겨주고, 여전히 나의 힘이 되어주고 있는 소중한 이들이다.

다음 재테크 카페 텐인텐

텐인텐10in10은 '10년 10억 만들기'를 표방하며 2001년에 개설된 재테크 카페이다. 2022년 현재 웬만한 서울 아파트 한 채 가격도 10억 원을 넘어 그 의미가 많이 퇴색했지만, 20년 전 10억 원은 부자의 상징

과도 같은 금액이었고, 월급쟁이가 평생 모을 수 있는 자금의 한계선이었다. 알려진 카페의 명성으로 당시 한참 10억 열풍이 불었던 기억 또한 생생하다.

카페 전성기 때는 100만 명 가까이 될 정도로 한동안 대한민국 재테크 분야 넘버 원을 유지했던 전통의 커뮤니티이다.

텐인텐 카페는 다른 재테크 카페와는 여러모로 결이 다르다.

지금이야 부동산, 주식, 가상화폐 등 다양한 재테크 카페가 있고 회원 수가 100만 명이 넘는 카페도 있다. 하지만 재테크가 대중화되기 전 2001년에 오픈한 카페는 텐인텐이 거의 독보적이었다. 다양한 재테크 카페가 없던 초기, 재테크 유명강사들은 반드시 거쳐야 할 등용문 같은 곳이었다. 행크 송사무장 등 이 카페를 통해 유명해진 칼럼니스트도 많다. 1만 원 나눔 강의, 경제적 자유 아카데미는 가성비 뛰어난 강좌로 유명하다.

현재 회원 수 76만 명이 넘는 카페인데 접속하면 일체의 상업적 배너 광고 없는 순수한(?) 카페 대문에 놀란다. 카페 주인장이 진행하는 '5주간 경제적 자유 아카데미' 외에 강의 프로그램도 없다(코로나 이전 수강료 1만 원으로 다양한 주제 나눔 강의가 진행된 적이 있다). 5주간 18시간 프로그램인데 다른 강의에 비해 무척이나 합리적 가격에 놀라는 사람도 많다. 심지어 다른 카페 강의 프로그램과는 색다르게 매주 강의 후 뒤풀이 제공에 참가비 1만 원만 내면 나머지(1, 2, 3차 상관없이) 비용은 모두 주인장이 부담한다.

다른 재테크 카페의 주 수익원인 강의와 광고가 없다는 것은 카페 주인장이 76만 명 카페회원을 대상으로 돈 벌 의지가 없다는 것을 보여준다. "이게 뭐지? 재테크 카페 주인장이 돈 벌 의지가 없다?"라는 것이 뭔지 아이러니할 것이다. 그리고 5주간 경제적 자유 아카데미를 듣고 나면 이런 비밀이 풀린다. 이 강의에서는 재테크 스킬을 알려주지 않는다. 강의를 듣는 내내 자본주의 시스템에서 알게 모르게 노예근성으로 살아온 우리에게 혹독한 비판을 쏟아낸다. 수강 후 머릿속은 충격과 여운으로 한동안 정신을 차리기 힘들다.

텐인텐 주인장은 10여 년 전 이미 경제적 자유인을 선언하고 자신과의 약속을 지키기 위해 애써 멈춤을 선택한 현자이자, 일명 돌+아이다. 단연코 내가 투자 분야에 입문한 후 그런 사람은 처음 봤고, 아직도 찾지 못하고 있다. 2008년 겨울, 강의를 듣고 5주간 빠짐없이 뒤풀이에 참석한 후 깨닫게 된 인생 터닝 포인트 순간, 그때부터 텐인텐 주인장은 지금까지 여전히 나의 롤모델이다.

텐인텐 카페가 무엇보다 나에게 더 의미를 부여한 것은 그 이후 주인장이 결성한 텐인텐 OB 모임이다. 일명 '돌+아이 모임'이라고 부르기도 하고, '멋진 지구여행자 모임'으로 칭하기도 한다. 2008년 이후 지금까지 14년간 경제적 자유 아카데미 강좌 1만 7,000명이 넘는 수강생 중 주인장에게 돌아이(똘끼+I)로 낙인찍혀 선택된 이들이 텐인텐 OB 멤버이다.

멤버는 약 70명 정도이다. 나이 스펙트럼도 20대에서 60대까지, 다른 모임에 비해 폭이 넓다. 멤버 중 변호사, 의사, 기자, 파일럿, 세무사, 뮤지컬 배우 등 전문직에서 회사원, 사무장, 교사, 학원장 그리고 전업 투자자, 오토 자영업자, 사장, 유튜버, 경제적 자유인(일명 백수)까지 하는 일도 너무나 다양하다. 단연코 어떤 곳에서도 이런 다양하고 넓은 스펙트럼을 가진 모임을 찾기는 어렵다. 재테크 모임에서 파생되었지만 각자 환경, 목표, 공통 관심사는 많이 달라서 재테크 모임이라고 할 수도 없다. 공통점 하나 찾기 힘든, 좀처럼 규정할 수 없는 모임이 이 OB 모임이다.

이미 경제적 자유를 달성한 듯 보이는 사람들부터 그럼에도 더 달리는 이들도 있고, 아직은 경제적 자유를 꿈꾸며 차근차근 노력하는 사람까지. 부의 스펙트럼은 넓지만 정체성은 남과 다른 똘끼로 뭉쳤다는 것 하나와 자유로운 영혼을 추구하는 텐인텐 주인장 측의 선택으로 여기에 모였다는 것 하나.

OB 첫 모임에서 평범한 사람의 전형인 내가 어떻게 이 모임에 속하게 되었을까 싶을 정도로 넘치는 그들의 끼는 주체할 수 없는 것처럼 보였다. 저런 에너지를 갖고 다른 일상에서 보내는 것이 참 힘들었겠다 싶은 사람들이 많았다.

OB가 결성된 이후 그들은 다른 곳에서는 받아주지 않는 끼들을 발산시키며 서로서로에게 집중했던 시간이 한동안 계속됐다. 전국 어디에선가는 거의 매일 다양한 형태로 OB벙이 열렸다. 그 안에서 관심사에 따라 여러 소모임도 탄생했다. 독서 모임, 엄빠 어디가, 걷기 모임, 캠핑방, 부동산방, 주식방, 남벙, 여벙 등등 다양한 분야 전문가들이 있고 각자 돌아이인 만큼 거기서는 무엇이든 못할 게 없는 공간이었다. 남녀 사이에도 일반적인 사회 통념상의 편견이나 거침이 없이 자유로 웠고, 무엇보다 특이한 감정을 공유할 수 있는 유일한 모임이 연속되었다. 개성 강한 멤버 가슴 중심에 언제나 주인장이 자리 잡고 있었다.

에너지 충만한 그때 그 느낌 하나하나를 잊을 수가 없다. 행복하기도 했지만 다들 기가 세서 많이 부딪히기도 했다. 사회에 적응하기 힘들 정도로 개성들이 너무나 강했다. 무엇보다 가슴속 깊은 상처와 파란만장 사연 하나 없는 사람들이 없었다. 많은 우여곡절이 있었지만 이런 설렘을 주는 모임은 단연코 없다는 걸 알았다. 역동적이고 무엇보다 자유롭게 자신을 발산할 수 있는 모임을 모두가 갈구하고 있었다.

평범함을 거부하고 항상 새롭고 신나는 것들을 꾸미는 사람들, 어쩌면 투자에 찌든 이들에게 커다란 자극이 되었을 것이다. 인연이 어떻게 될지 모르겠지만 나이 먹으면서 이런 감정을 공유하는 사람들과 인연을 맺고 있다는 건 행운이고 행복한 일이다.

현재 내 삶에 많은 비중을 차지하고 많은 시간을 공유하고 있는 텐인텐 OB, 투자에서나 인생에서나 너무나 소중한 사람들이다.

수원 마스터 경매학원

앞에서도 언급했다시피 실질적인 내 투자 첫걸음은 경매학원 등록으로 시작되었다. 어떤 인연인지 우리 집에서 꽤 먼 수원에 있는 경매학원에 다녔다. 인연의 시작을 되새겨보면 늘 그렇지만 그 첫발이 얼마나 큰 의미가 있는지는 나중에서야 실감 난다.

경매 분야 특성상 첫발을 어디서 시작하느냐는 매우 중요하다. 요즘에야 대중화돼서 많은 사람이 경매에 대해 큰 터부 없이 접근한다. 하지만 당시만 해도 경매하면 뭔가 구린 듯한 느낌을 지울 수 없었고, 나쁜 짓을 하는 것이 아닌가라는 시선도 있었다. 또한 그만큼 초보에게는 사기를 당할 우려도 큰 분야였다. 당시 경매 분야는 서울교대 근처 북극성 카페, 부천 송사무장으로 알려진 행복재테크, 그리고 수원 마스터 경매학원 등 몇몇 알려진 학원으로 나뉘어 있었다.

돌아보면 첫발을 거기에서 시작한 것은 그야말로 운이 좋았다고 할 수 있다. 경매는 돈이 오가고 각종 관련 법률과 대출 등 여러 가지 분야가 혼재되어 있다. 필연적으로 불확실성이 크고 전문가 의존도가 높을 수밖에 없다. 그 틈새에서 사고가 빈번한 분야이다. 때문에 기본적으로 경매에 대한 기본 지식 습득뿐만 아니라 초보 투자자에게 멘토는 어느 분야 못지않게 중요하다.

경매 1세대인 수원 마스터 경매학원 원장님은 뒷말 많은 이 분야에서 큰 마찰 없이 묵묵하게 자리를 지켜오셨다. 그의 곁에는 항상 사람이 모였고, 무엇보다 거기서 맺은 인연들은 오래된 분들이 대부분이다. 한결같다는 반증일 것이다.

여전히 수강생에게 먼저 예의 있게 인사를 건네는 모습과 풍모에서 신뢰가 절로 간다. 수업을 듣고 나서 언제든지 그에게 편하게 질문을 던질 수 있다는 것은 최고의 혜택이다. 요즘 시대 그처럼 두루두루 적하나 없을 정도로 신망이 두터운 한결같은 사람을 찾기는 어렵다.

사진 찍는 취미를 붙이신 듯 단톡에 올라오는 사진들이 하나같이 예술사진이다. 최근 몽고로 여행을 가서 찍어온 밤하늘 쏟아지는 별 사진에서 삶의 균형을 추구하는 로맨티스트 원장님 모습이 녹아난다. 경매학원답게 슬로건은 '오직 수익'이지만 풍류를 곁들여 사는 원장님의 삶을 투영해보면 '오직 행복'이 더 어울린다는 생각이 든다.

몽골에서 찍은 별무리 ©앤소니(2022년 6월)

처음 이곳에서 경매 공부를 시작할 때 같이 강의를 들은 동기들과 스터디를 결성하고 임장도 함께 다니면서 초보 시절 두려움을 이겨냈다. 첫 입찰 때도, 어렵다는 명도를 할 때도 곁에 있어 든든했다. 거의 10년이 지난 지금도 몇 명은 인연을 지속하고 있다.

본격적인 부동산 상승기를 거치며 주위에 재테크 카페를 키워 본격적으로 학원화되는 곳들이 속속 생겨났다. 경쟁이 심화되었다. 경매학원이었지만 여러 분야의 부동산 강의를 열며 그런 유행에 뒤처지지 않았다. 무엇보다 연회원이라는 차별화되는 제도가 있어 인맥을 공고히 하는 데 최적의 기회를 제공했다. 경매 재테크 학원답게 실전 답사 모임, 스터디 모임 등도 활발하게 운영되지만 특이하게 산악 모임, 골프 모임, 독서 모임 등 다양한 프로그램으로 좀 더 특별하고 끈끈한 인연을 지속할 수 있는 무언가를 제공했다.

원장님과 각별한 인맥으로 그곳에서 강의나 특강을 진행한 고수들도 알게 되었다. 현재 부동산 및 자기계발 분야로 독립하여 활발한 활동을 하고 있는 분으로, 내게는 초기 인연으로 많은 도움을 주신 고수도 있다. 2018년 미국 동부 한달살기를 할 때 출판된 첫 책을 워싱턴 D.C.까지 보내주셔서 생각지도 못한 감동을 받았다. 이분 또한 여기서 특강으로 강의를 처음 시작하셨다. 돌아보니 그분 조언만 따랐어도 많은 돈을 벌었을 것이다.

결과론적이지만 나의 투자 성과를 복기해보면 가장 안타까웠던 순간은 사실 여기 다 몰려 있다. 하지만 아쉬울 뿐 후회는 되지 않는다. 어쩌면 투자 시기 중 가장 큰 영향을 미칠 수도 있었지만, 나의 스타일이 아니어서 따라가지 않았던, 만약 그때로 돌아간다고 해도 결국 비슷한 결정을 내렸을 것이다. 인연이라는 것이 고구마 줄기처럼 연결되어 이분 강좌와 스터디를 통해 알게 된 여러 고수가 있다. 이 중 어느 분은 같은 시기 미국 서부의 같은 도시로 한달살기를 가기도 했으니, 인연이란 참 신기하다는 생각이 든다.

초기 시절 같이 강의를 듣던 분 중 한 분은 지금 이 학원에서 토지 정규 강의를 한다. 초창기 학원 내 거의 모든 강의에서 서로 얼굴을 마주쳤다. 어느 술자리에도 빠지지 않았고, 가장 늦게까지 자리를 지켰다. 그저 술 좋아하는 투자자인 줄 알았지만 나중에 알게 된 이분 인생이나 투자는 파란만장 그 자체였다. 은퇴자를 위한 만 평이 넘는 토지를 개발한 이력도 특이하고, 이미 자본가 반열에 오른 토지 전문가이지만 소싯적 노동운동을 했던 투사 출신이다. 여전히 투자와 인생 모든 것에 진심으로 열심히 사는 분으로 귀감이 되는 인연이다. 토지 투자를 할 때 이분 손길이 안 가는 곳이 없을 정도로 자기 일처럼 많이 도와주셨다.

수원 마스터 연회원 중에는 알려지지 않은 숨은 고수들이 너무 많다. 밖에서 보면 손주나 보는 동네 할머니 같은 분들 중에도 의외로 자산가들이 꽤 있다. 다양한 투자 세계 분야의 모든 사람을 연회원에서 찾을 수 있었다. 그런 분들과 나름 인연을 맺고 어느 순간 자문을 구할 수 있다는 건 투자에 있어서도, 인생에 있어서도 큰 행운이다.

투자는 결국 사람이다.

경매를 처음 공부하는 이를 위한 Tip

경매를 공부하는 목적은 낙찰이 아니고 수익 창출이다. 꼭 경매 입찰에 참여하지 않더라도 살아가는 데 필요한 부동산의 전반적인 이해도를 상승시킬 수도 있다. 또한 살아가면서 활용할 수 있는 부동산 기초 공법을 습득할 수 있다. 대개 경기불황일수록 경매에서 기회가 많이 생긴다. 지금 그리고 향후 2~3년이 기회가 될 가능성이 크다. 그때가 돼서 준비하면 늦으니 미리 하나의 무기를 장착한다고 생각하고 준비하면 언젠가 좋은 기회가 온다.

1. 첫 공부=경매 기초 책 + 강의

경매 관련 기초 도서로 용어와 개념에 익숙해진 후 추천받은 유튜브 무료 강의나 학원 유료 강의를 듣는다.

2. 처음에 너무 깊고 어렵게 파지 마라

경매는 너무 깊게 공부하면 한이 없다. 어차피 난이도 상(上) 특수물건은 10% 미만이다. 90% 경매물건은 권리관계 파악이 매우 단순한 난이도 하(下) 물건이 대부분이다. 조금 과장해서 말소기준권리와 대항력 개념만 알아도 경매물건 중 50% 이상은 해결 가능하다. 주위에 공부만 하고 입찰은 하지 않는, 이론으로만 무장된 프로 수강러들은 생각보다 많다.

3. 인맥이 중요하다

경매 역시 혼자 하면 오래할 수 없다. 초보 때는 아무리 공부해도 입찰할 때 두려움을 느끼기 마련이다. 스터디나 임장을 같이 할 수 있는 관심 분야가 비슷한 멤버가 있다면 금상첨화이다. 거기에 크로스 체크를 해줄 수 있는 멘토가 곁에 있으면 든든하다.

다시 한번 강조하지만, 경매는 부를 이루기 위한 목적이 아니라 하나의 수단일 뿐이다. 앞의 세 가지를 갖추었다면 일단 법정에 가서 입찰해서 낙찰을 받아보면 경매의 A to Z까지 모든 프로세스를 경험하게 된다. 그러면 당신은 경매에 대해 더 이상 초보가 아니다.

월급쟁이 부자들 & 각종 카페 스터디로 맺은 초기 인연들
: 월부 칼럼리스트 와와

2~3년간 투자자로서의 이중생활. 남들처럼 많은 것을 투자하고 개수를 늘리지는 않았지만 내가 실행한 것은 경매를 통한 아파트형 공장 낙찰 및 세팅 그리고 직영건축 통매로 이룬 작은 수익. 거기에 의도적인 투자 활동은 아니었지만 회사를 퇴사할 때 서울 자가를 포기하고 경기도 전세로 옮기면서까지 실행한 다가구주택 매입을 통한 월세 수입에 대한 용기 있는 스토리까지. 밖에서 보기에는 대단한 내공, 실력이 있는 투자자로 오인하기 딱 좋았다.

사실 그렇게 많은 수익이 난 투자도 아니고 어찌 보면 굼벵이처럼 시간도 많이 걸리고 무엇보다 대박과는 거리가 먼 투자였다. 밖에서 보기에는 초절정 고수, 환상 투자 사례로 보였을 것이다. 하지만 보이는 것과는 달리 투자 분야에서는 사실 첫걸음을 뗀 초보 햇병아리에 불과했다.

최근 몇 년간 가장 질적으로 급성장한 재테크 카페로 '월급쟁이 부자들'이란 네이버 카페가 있다. 다른 훌륭한 카페들도 많지만 '월급쟁이 부자들'은 재테크 사관학교라고 해도 손색이 없을 정도이다.

나는 '월급쟁이 부자들' 카페 1기 스터디 멤버였다. 지금은 '월급쟁이 부자들' 스터디에 들어가는 것조차 힘들 정도로 많은 사람이 참여하고 지원하고 있는 카페이다.

카페 초창기 시절, 부끄러운 고백을 하자면 1년간 20여 편의 칼럼을 쓴 칼럼니스트였다.

여기에는 사연이 있다.

단지 유명 카페에 칼럼을 쓴다는 사실만으로 많은 사람이 나를 투자, 재테크 고수로 오해했다. 적은 투자 사례이기는 하지만 분야 자체가 다르고 생소하다는 이유로 어느 순간 사람들 입에 오르내리게 되었다.

그 당시에 투자라고 하면 부동산 아니면 주식이었다. 주식이 재미를 보는 시절은 아니었고, 부동산 투자 중에서도 대부분이 아파트, 주택 투자를 하던 시기였다. 그런 분위기 속에 직영건축을 통해 수익을 냈다는 소문이 소리 없이 퍼졌다.

앞에서 말한 블로그 덕에 맺은 소중한 인연 중 한 분이 월급쟁이 부자들 주인장이다. 처음 만났을 때는 내공이 깊은 초고수인지 몰랐다. 그저 조그만 블로그 강의 모임에서 조용히 앉아 있는 모습으로 기억된다. 몇 번 그의 글을 읽고 만나면서 진면목을 알게 되었고, 깊이 있는 내공에 매료되었다. 그런 그가 카페를 만들었다고 1기 스터디 멤버를 모집했다.

매주 리포트를 쓸 정도로 스터디와 카페 활동에 집중했다. 초기 인연이라는 점에서 각별했고, 거기에 짧지만 특이했던 나의 투자 이력과 독특한 마인드에 호감을 보인 주인장이 나에게 '월급쟁이 부자들'

카페에 칼럼을 쓸 것을 제안했다. 내 인생 가장 부지런한 삶을 보냈던 시기에 갑자기 주어진 기회. 지금 생각해보면 투자 초보인 내가 그 제안을 거절하는 게 너무나 당연했을 텐데 그 당시 난 자신감이 충만해 있었다. 몇 번 고민하는 척 겸손을 부리며 거절하다 덜컥 내민 손을 잡았다.

일주일에 한 번 정도 카페에 칼럼을 올리며 나의 모든 것을 쏟아부었다. 많은 사람이 내용도 없는 보잘것없는 나의 글을 보고 수많은 댓글을 달아주었다. 내 인생에서 그런 폭발적으로 많은 관심을 받아본 것은 그때가 처음이었다. 어찌 보면 그건 내 글에 대한 반응이라기보다는 뜨고 있는 카페 유명세에 기대려 하는 대중의 심리라는 것을 깨닫기에는 나의 내공은 한없이 얇고 얇았다. 그저 하늘 위로 붕 뜬 기분이었지만 나의 모든 혼을 담아 글을 쓰는 것만으로 행복했다. 한때 아웃사이더를 꿈꾸며 자발적 왕따로 살아왔던 나에게 말 그대로 새로운 세계가 열렸다. 내 글로 긍정적 영향을 받고, 나로 인해 '인생이 극적으로 바뀌었다'라는 말을 듣고 설레지 않을 사람은 없을 것이다.

누군가에게 인정을 받는다는 것이 인간이 느낄 수 있는 최고의 쾌락이자 행복이라는 것을 그때 알았다. 그리고 이런 느낌에 잘못 중독되면 사람들은 자기의 길을 잃고 잘못된 길로 빠져들 수 있다는 것도 알게 되었다.

짧은 2~3년 기간 동안 나쁘지 않았던 투자 성과 그리고 초기 인연으로 개인적인 관계를 맺고 있는 수많은 고수의 후광. 그들과 같은 급의 고수로 보이는 것에 절대 아니라고 손사래를 치면서도 은근 즐기는 이중적인 모습이 그 당시 나의 모습이었다.

자존감이 바닥이었던 과거 인생은 기억 저편으로 멀어져 갔다. 완벽하게 나의 생각대로 말하는 대로 다 이루어지는 인생의 시크릿, 꿈꾸는 다락방의 실현이라고 생각했다.

경제적으로나 정서적, 마인드적으로 최정점에 오른 내 인생의 최고 전성기. 내 얼굴에는 그에 편승한 자신감이 깃들여 있었고 애써 숨기지 않았다. 정신적 우월감이었는지 내 지인들에게 하찮은 지식이라도 알려주고 싶은 욕심도 있었다. 내가 아는 모든 사람에게 인생의 비밀을 알려주고 부의 길을 터줄 수 있을 거라고 생각했다. 내가 아는 모든 사람은 잘되어서 선한 부자가 되어야만 한다고까지 생각했다. 자존감이 최정점으로 치닫던 나에게는 그것은 하나의 사명이었다. 그리고 흔히 그렇듯이 그런 것들은 알게 모르게 행동으로 드러났다.

투자 세계에 뛰어들어 만났던 사람들의 세상은 그 이전 나의 곁에 있던 사람들의 세계와는 달라도 너무 다르다고 생각했다. 돈 버는 길을 애써 외면하는 그들을 안타깝게 내려다보기도 하고 답답하게 여기기도 했다. 오랜만에 친구들 모임이나 가족 모임에 가면 쓸데없는 것들에 신경을 쓰며 수다를 떨고 있는 모습을 보며 무의식적으로 나의 시답잖은 표정이 드러났을 것이다. 주체할 수 없는 정신적 우월감의 근거는 내가 발전한 것인가, 변한 것인가? 겉지식으로 한없이 가벼워진 상태의 치기를 지금 생각해보면 얼굴이 화끈거릴 정도로 부끄럽다. 당시 그들 눈에 난 얼마나 가당치 않게 보였을까?

후에 나의 절친에게 "너 그때 기고만장했어"라는 말을 듣고 깜짝 놀랐다. 비슷한 뉘앙스로 가족에게도 그런 말들을 들었다. 그저 자신감이 충만하고 자존감이 높았던 그때의 내 기억이 남들에게는 기고만장으로 보였다. 복기해서 보니 나의 밑천이 바닥나는 것도 모르고 기고만장했던, 짧지만 내 인생 최고 전성기였다.

부동산 투자 카페 & 스터디 인연들

인연이란 것은 참 묘해서 계속 가지를 치며 서로를 엮어준다. 2008년 텐인텐 카페를 통해 경제적 자유 아카데미를 알게 되었고, 주인장과 연을 맺었다. 그 연으로 다른 비슷한 동기를 가진 투자자들도 알게 되었다. 알게 모르게 텐인텐 주인장은 이 세계 다양한 연을 연결해주고 확장해주는 플랫폼 역할을 하고 있었다.

내 인생 또 하나의 터닝포인트를 제공해준 분 역시 주인장을 통해 알게 되었다. 텐인텐 카페에서 당시 '멋진 여성 CEO'라는 닉네임으로 활동하던 분이다. 나보다 나이는 어렸지만 에너지가 넘쳤고, 항상 아이디어가 무궁무진하게 샘솟았다. 무엇보다 실행력이 탁월했다. 지금 생각해보면 투자자라기보다는 사업가에 가까운 스타일이었다. 투자자의 사고와는 약간 차원이 달랐다(2022년 현재 제주에서 디지털 노마드 관련 마케팅 사업과 미국 수익형 부동산 투자를 위한 스터디를 왕성하게 진행하고 있다).

2014년 봄, 한참 투자에 목말라 있을 때 그 인연을 통해 스터디가 결성되었다. 직영건축 스터디였다. 블로그 협업 모임, 독서 모임, 오토 자영업 등 당시 투자 흐름이었던 부동산, 아파트 대상이 아닌 조금은 생소하고 특별한 분야였다. 스터디 인원은 처음에 20여 명에서 10여 명 그리고 소규모로 줄어들었고, 남은 사람끼리 자연스럽게 동업 관계가 맺어졌다. 앞에서 말한 제주도 직영건축 스토리는 이 스터디의 산물이다.

또한 이 모임에서 파생되어 운영된 독서/블로그 모임에서 향후 '월급쟁이 부자들' 카페를 만든 주인장과도 인연을 맺었다. 연은 계속 확장되었고 지금까지도 많은 도움을 주고 있는 수많은 부동산 고수와 소중한 인연을 맺을 수 있었다. 같이 시작한 월급쟁이 부자들 스터디 초기 멤버 중 몇몇은 많은 것을 이루고 성장하여 투자 분야에서 이름만 대면 알 정도로 그 면면이 화려하다. 그런 분들 역시 월급쟁이 부자들 주인장이 없었으면 나와는 없을 인연이었다.

살아오면서 능력에 비해 인복 좋다는 소리를 많이 들었는데, 투자하면서 그 복을 제대로 누린 것 같다. 인복과 더불어 투자 초기 때나

가능했던 관계의 끈끈함을 유지할 수 있었던 것도 운이 많이 따른 것이 사실이다. 투자자의 삶 이후 인생을 바꾸게 해준 인연이 결국 다 한 인연에서 나왔다. 우리가 조그만 인연도 소중하게 다루어야 하는 이유이다.

이런 인연들로 소개를 받거나 알게 된 부동산 관련 강의란 강의는 닥치는 대로 다 들었다. 오랜 하락 끝에 찾아온 부동산 상승기, 강의 수요는 넘쳐났고 앞다투어 많은 부동산 강의가 개설되었다. 흔히 갭투자로 불리는 소액으로 투자할 수 있는 아파트 강의나 입지를 중심으로 한 부동산, 특히 아파트 시장에 대한 강의가 대부분이었다. 주위 성공 사례 또한 심심치 않게 볼 수 있는 물 반, 고기 반. 그야말로 투자하기 너무나 좋은 시기였다.

그때는 어떤 능력보다 실행력이 가장 큰 사람이 돈을 버는 시장이었다. 돌아보고 나니, 초보라고 해도 무조건 지르는 사람이 돈을 벌었다. 공부를 많이 하고 분석하는 능력과 상관없던 시기였다. 모두들 초심자의 행운에 마냥 들뜬 시기가 오랜 기간 계속되었다. 주위 많은 사람이 점점 그 사이클에 들어오면서 그들로 인해 다음 사이클로 이동시키는 것을 알지는 못했다. 많은 사람이 곁을 기웃거리며 투자를 안 하면 불안하고 바보가 된 것 같았다. 그렇게 이제 모두 영끌까지 해서 또 다른 사이클로 이동을 부추겼다.

물 반, 고기 반인 시장에서 물이 빠지면서 그게 운이었는지 능력이 없는지 모든 것이 적나라하게 드러나는 시기가 점점 다가왔다. 능력이 없더라도 적당한 중용 포지션을 취한 사람들은 욕심을 자제하고 안전 마진과 수익을 확보하고 운 좋게 빠졌다. 하지만 초심자의 행운이 능력인 양 물이 빠지는 줄도 모르고 과신했던 일부 투자자와 뒤늦은 영끌 투자자들은 노심초사 잠을 못 이뤘다. 어설픈 투자자인 나 역시도 그랬다.

모임의 꽃: 독서 모임

책을 좋아한다. 10여 년 전부터 연간 목표를 세울 때 기본 목표 중 최소 한 주에 한 권, 1년 52권 최소 목표이다. 최근에는 1년 100권을 목표로 책을 읽으려고 노력한다.

책을 읽는 방법에 정답은 없다. 자신에 맞게 책을 선택하고 즐기며 읽는 것이 중요하다. 나의 책 읽는 스타일은 여러 분야 편견 없이 읽는 것이다. 예전에는 사회과학 분야 및 관심 분야 위주의 책을 읽었지만 어느 순간 한계를 느꼈다. 지금은 애써 색다른 분야의 책도 읽고자 노력하는 중이다. 덧붙여서 1년에 대하소설 한 시리즈 정도는 읽으려고 애쓴다. 최근 살아가면서 요즘 트렌드보다 호흡이 좀 길어질 필요를 느꼈기 때문이다.

예전에는 관심도 없었던 자연과학 서적이나 자발적으로는 완독하기 어려운 책도 몇 권 정도는 읽고자 한다. 이때 각종 독서 모임 역할이 크다. 내가 이 모임 저 모임 독서 모임에 참석하는 이유이기도 하다.

독서 모임에 참석하면 어떻게 같은 책을 읽고도 이렇게 다양한 의견이 나올 수 있을까 놀랄 때가 한두 번이 아니다. 전혀 생각지도 못한 관점들에 머리가 새로 세팅되고 뇌가 말랑말랑해지는 느낌이 좋다.

별로인 책은 있어도 나쁜 독서 모임은 없다. 뭐 하나라도 무언가를 얻고 온다. 일단 책을 읽으려고 쌓인 기들이 충만한 모임이어서 그런지 뿜어져 나오는 에너지들이 엄청난 시너지를 발생한다.

처음 투자 공부를 시작하면서 관련 카페나 스터디 모임을 찾게 되는데, 대부분 독서 모임이나 관련 프로그램을 진행하고 있는 것을 알게 된다. 처음에는 '투자 카페에 왜 독서 모임?'이라고 생각하지만 시간이 지나면서 모두 그 이유를 실감한다.

읽기에 꼭 도전하고 싶은 책은 있는데 너무 두껍고 난해하여 쉽사리 손이 가지 않는 책들을 독서 모임에서 다루면 어느 정도 동기부여가 된다. 시간이 걸리지만 문단 하나하나 곱씹으며 꾹꾹 눌러 읽는 즐거움을 선사한다. 투자 카페 독서 모임이라고 자기계발서나 재테크 서적 위주로 읽지 않는 것이 요즘 경향이다.

이런 책들을 읽으면 사유하는 능력, 그리고 추론하는 능력과 자기만의 독해력과 이해력에 대한 성찰이 생긴다. 책을 읽는 방법, 태도, 자세, 습관 등을 연습할 수 있다. 다양한 분야에 관심을 가짐으로써 통합적 사고가 형성되면 투자할 때 새로운 안목을 기를 수 있다. 이런 힘이 쌓여 인사이트가 생긴다. 참석할 수 있는 독서 모임은 웬만하면 참석하고자 하는 이유이다.

덧붙여 독서 모임도 결국은 인연으로 연결되고 또 다른 인맥이 된다.

텐인텐 OB 독서 모임과 수원 북마스터 독서 모임, 내가 주로 참여하고 있는 독서 토론 모임이다.

책을 산 사람은 있어도 완독한 사람은 없다는 책들을 이 독서 모임을 통해 많이 접하고 완독했다. 《코스모스》, 《총균쇠》, 《돈키호테》, 《생각에 관한 생각》, 《레버리지》 등.

《코스모스》의 경우 천문학에 대한 지식이 미천하여 이해도가 10%가 안 됨에도 불구하고 내 인생 책으로 등극했다. 코스모스로 인해 별에 대한 호기심이 생겼고, 우주에 대한 궁금증이 폭발했다. 자연과학 서적에도 불구하고 결국은 철학의 문제로 귀결되는 과정이 흥미로웠다. 짧은 지식을 보충하고 우주의 역사가 궁금하여 초등생이 즐겨보는 'WHY 시리즈' 《와이 우주》를 읽기도 했다. 올해 목표 중 하나가 다시 《코스모스》를 정독하여 읽는 것이다.

가을 창덕궁에서 진행한 OB 독서 모임에서는 《나의 문화유산 답사기》 서울편을 읽고 건축을 전공한 멤버의 설명을 듣기도 했다. 막걸리집에서 모여 가장 좋아하는 시를 한 편씩 선정하여 낭독하기도 했다. 독서와 모임이 창조적으로 결합하면 어떤 아이디어도 다 소화가 가능하다.

자청이 쓴 《역행자》에서 '인생을 바꾸는 22가지 법칙'을 보았는데, 그중 2년간 매일 하루 2시간씩 책을 읽고 글을 쓰는 것이었다. 독서 모임에 가면 모든 것의 실천이 가능하다. 책을 읽고 블로그를 통해 리뷰를 작성한다. 인생을 바꾸기 위해서 고수들이 공통적으로 주장하는 내용이다. 책, 모임, 쓰기, 블로그, 인맥, 이 모든 것은 다 연결되고 반복된다. 독서 모임은 투자, 인생을 바꾸기 위해 필요한 모든 것의 집합체이다.

주위를 찾아보면 독서 모임은 많다. 어느 모임이든 참여하길 추천한다. 책을 좋아하지 않는 사람이라도 한 번쯤 독서 모임에 참석해서 거기서 나오는 에너지를 경험하길 바란다. 그 이후 선택은 당신의 결정을 따라가면 된다.

투자도 인생도 더 풍요로워진다.

악연도 인연이다: ○○인베스트먼트 사모투자

반드시 좋은 인연만 있는 것은 아니다. 투자 초기 큰 영향을 끼친 로버트 기요사키《부자 아빠 가난한 아빠》에 'Cash Flow' 보드게임에 대한 내용이 나온다. 자본주의 보드게임으로 불리며《부자 아빠 가난한 아빠》에서 나오는 부자와 빈자, 소득과 지출, 투자 등 모든 내용을 압축시켜 만든 웰메이드 보드게임이다.

자산소득이 총지출보다 크면 가운데 조그만 쥐 경주 트랙을 탈출하여 부자들만의 빠른 큰 바깥 트랙으로 이동하여 게임이 진행된다. 게

임을 하다 보면 생각보다 쥐 트랙 탈출이 쉽지 않다는 것에 괜한 조급
증이 생기기도 한다. 생각보다 현실과 비슷하여 몰입도가 최상이다.
부자들만의 빠른 트랙에서는 돈이 들어오고 나가는 수입과 지출, 등급
과 사이즈, 속도가 다르다. 쥐 경주 트랙(일명 쳇바퀴)이 근로소득과 자
잘한 투자소득이었다면 그들만의 빠른 트랙에서는 자본소득, 사업소
득, 큰 투자소득의 영역이다.

보드게임에 흥미를 느껴 'Cash Flow' 모임을 찾아가서 직접 게임에
참가했다. 결과론적이지만 그곳에서 안 만났으면 좋았을 한 분과 인연
을 맺게 되었다. 나와 같은 선의를 가진 투자자로, 모 사모투자 운영팀
장이었다. 그로 인해 사모투자의 세계를 알게 되었다. Cash Flow 보
드게임을 같이 하면서 투자에 대한 의견을 주고받으며 많은 부분 공감
하였다. 부동산에 치우쳐 있던 나에게는 새로운 분야에 대한 깊은 인
상도 심어주었다. 사모투자에 대해서 열심히 공부하고 그 본질이 무엇

《부자 아빠 가난한 아빠》의 Cash Flow 보드게임

인지에 대해 나름 깊이 생각했다. 당시 기고만장해진 자존감에 자만하기도 했고, 돈을 급하게 불리려는 조급증도 있었던 것 같다. 사실 우리가 투자하면서 모든 것을 다 알고 할 수는 없다. 나름 최선의 노력을 다하고 투기 아니 투자를 한다고 하지만 결과로 능력이 판단되는 것은 어쩔 수 없다. 다만 그 와중 투자의 기본과 상식을 얼마나 지켰는지에 대한 자문은 구해야 한다.

투자의 기본 중 하이 리스크, 하이 리턴High Risk, high return은 당연한 상식이다. 사모투자 그리고 비상장 유망 대상 기업에 대해 브리핑 자료와 검색 자료만으로는 한계가 있었다. 핵심이 무엇인가에 대해 집중하려고 노력했다. 예를 들어, 카카오도 상장 전에는 몇백 원도 안 한 상태였을 것이고, 그때 투자했다면 결과는 지금 몇만 배의 상승을 누렸을 것이다. 하이 리턴은 결과론일 뿐이다. 지금도 벤처캐피털이나 엔젤투자 업계는 하이 리스크를 안고 자본이 부족한 스타트업이 성장할 수 있게 시의적절하게 피를 공급하고 있다.

나는 흘러가는 자본과 시스템의 메커니즘에 주목하여 투자를 결정했다. 결과가 좋았다면 과감하고 현명한 투자자로 지금까지 착각하고 있었을 수도 있다. 하지만 결과는 그야말로 최악이었다. 8시 뉴스에 날 정도 커다란 금융 사건으로 취급되며 사기행각으로 결론이 났고, 모든 것이 날아갔다. 아직도 가족들은 그때 그 자세한 내막을 모를 정도로 내 가슴속 깊이 아픈 흑역사로 자리 잡고 있다.

하이 리스크였지만 투자 자체가 잘못된 것은 아니었다고 생각된다.

다만 기본을 지키지 않고 올인하였다. 심지어 너무 확신한 나머지 가족의 목돈까지 물리는 엄청난 실수를 저질렀다. 하이 리스크, 하이 리턴, 기본 중의 기본대로 되었을 뿐이다.

기본을 지키지 않은 대가는 앞에서 언급한 대로 너무 컸다. 그리고 나의 실수에 대한 원망은 고스란히 그 인연에게 향했다. "내가 그때 그 팀장만 안 만났더라면…. 내가 그때 Cash Flow 보드게임에 관심만 안 가졌다면…."

결과가 좋지 않은 인연은 결국 계속 되지 않는다. 모든 인연이 꼭 이어지지만은 않는다. 세상에 나쁜 사람은 없다는 격언도 있다. 결국 나쁜 인연도 없을 것이다. 그저 이상하리만치 안 맞고 좋은 인연과 달리 다른 연과 연결되지 않는다는 것, 그게 악연이라는 것을 깨닫는 것이 인생 경험이다.

마흔에 투자 공부를 시작하면서 너무나 소중한 인생 인연들을 만났지만, 동시에 어설픈 투자의 어두운 연도 어쩔 수 없이 엮일 수밖에 없다. 항상 좋을 수는 없다.

한달살기 프로젝트:
가성비 높은 색다른 투자

한달살기는 내 인생 키워드 중 하나이다. 나이 마흔을 넘으면서 발견한 나의 가치관과 라이프스타일이 반영된 최적의 인생 포맷이다.

투자 분야에 뛰어든 후 나는 남들과 다소 다른 행보를 걸었다. 지금 생각해보면 성과 면에서 아쉬운 점이 있긴 하지만, 그렇다고 딱히 후회하지는 않는다. 복기해보면 그 시기로 돌아간다 해도 정도 차이는 있겠지만 난 비슷한 결정을 내렸을 것이다. 원래 내가 꿈꾸는 부의 길은 슈퍼 리치가 아니었다. 돈과 약속을 하고 일정 수준 나의 목표에 도달하면 미련 없이 멈출 수 있었다. 무슨 이유에서인지 모르겠지만 그런 면에서는 왠지 모를 자신감이 있었다.

본래 살아온 삶이 치열함과는 거리가 멀기도 했다. 경제적 자유라는 단어를 접하고 꿈꾸면서 무의식적으로 내가 꿈꾸는 경제적 자유인의 이미지는 명확했다. 아등바등 돈에 구애받고 살길 원하지도 않았지만 그렇다고 셀 수도 없는 많은 돈을 벌고 끊임없이 생기는 욕망과 집착으로 돈의 노예가 되는 삶은 내가 꿈꾸는 경제적 자유와는 거리가 있었다. 주위에 이미 상식적으로 많은 부의 기준을 이루고도 항상 돈에 굶주려 있는 사람들을 많이 보았다. 내가 보기에는 그들은 처음 다짐과는 달리 멈추질 않았다. 아니, 멈추지 못했다. 그런 사람들처럼 부자가 되기보다는 난 적당한 부자가 되기를 바랐다. 최근 유행하고 있는 진정한 의미 파이어족이 나의 목표점이었다.

그때 나를 뒤흔든 키워드가 한달살기이고 나에게 운명처럼 다가온 곳이 제주였다. 본격적으로 투자를 시작하기 전부터 난 제주바라기였다. 퇴사 후 자영업을 시작한 후 무슨 인연인지 그동안 평생 두 번밖에 가보지 못한 제주를 매년 방문할 기회가 생겼다. 어찌 보면 유혹의 손짓을 한 제주가 나의 운명이라는 것을 안 것은 그 후이다.

제주도 이주 바람이 불기 전부터 내 로망 중 하나는 아이들을 시골 초등학교에 보내는 것이었다. 그때 고려했던 이주지 중 가장 유력한 곳이 제주도였다. 아들 1호가 초등학교 입학하기 1년 전 오로지 초등학교 답사를 위해 제주도를 일주일 동안 방문하기도 했다. 소심하고 내성적인 내가 그때 제주도 초등학교 답사를 위해 현지 기자, 주민들과 인터뷰까지 하면서 조사하였다. 일주일간 꼼꼼히 조사한 내용을 정리해서 와이프에게 리포트를 작성하여 보여주었다. 그 당시 결론은 여러 가지 이유로 우리 상황에서 제주에 가는 것은 무리여서 포기할 수밖에 없었다.

인생에 '만약'이라는 것은 없지만 그때 제주에 내려갔다면 어땠을까? 내 삶이 지금 쓰이는 삶과는 다른 의미로 극적으로 바뀌지 않았을까 지금도 엉뚱한 상상을 해보곤 한다.

그런 의미에서 한달살기 첫 프로젝트 지역으로 제주가 된 것은 어찌 보면 필연이었다. 제주 다가구 직영건축을 시작한 시기와 첫 제주 한달살기 시기가 신기하게 겹쳤다.

직영건축 첫 도전으로 돌고돌아 제주에 집을 짓기로 결심하였고, 그해 여름 우리 가족은 제주에서 첫 한달살기에 도전했다. 이런 것들이 해빙, 끌어당김의 힘, 운명이 아닐까.

제주 바람이 막 불기 시작한 초기 제주 한달살기는 이룰 수 없는 꿈이었다. 하지만 막상 실현하고 나니 원래 우리 삶의 일부였던 것처럼 우리에게 스며들었다. 상상한 것보다 훨씬 좋았다.

투자 초기 자존감이 조금씩 올라오고 자신감이 붙던 시기, 과감하게 감행한 한달살기는 거침이 없었다. 그런 나를 증명하고 의미를 부여하는 하나의 상징이자 어떤 의식이었다. 투자자로서의 이중생활, 그리고 한달살기는 그 시기 나를 규정하는 인생의 터닝 포인트가 되었다.

지금도 그렇지만 그 당시 제주 한달살기가 막 유행하기 시작했지만 아빠까지 참여하는 완전한 가족의 한달살기는 그리 흔치 않았다. 대부분 엄마와 아이들 한달살기에 아빠는 며칠 참여하는 정도였다. 포기할 것은 포기하고 한 달이라는 시간을 온전히 비우는 한달살기에 참여한 것은 파격이었다. 투자에 뛰어들고 내가 꿈꾸는 경제적 자유를 실천하는 연습을 나에게 테스트해볼 수 있는 최적의 도전이자 프로젝트였다.

한달살기에서 느낀 제주는 그동안 짧은 여행으로 방문한 제주와는 또 다른 세계였다. 특별한 일상을 누리기에 제주는 환상적이었다. 에메랄드빛 바다, 걷기 좋은 오름과 숲 그리고 가운데 든든하게 버티고 있는 한라산은 로망 그 자체였다. 그런 곳에 한 달 내내 우리 일상을 살기 위해 머물고 있었다.

육지와는, 물론 어느 섬과도 비교 불가한 이국적인 풍경, 한적함을 누리며 제주 일상을 여유롭게 맘껏 즐겼다. 도서관에 갈 때, 마트에 장을 보러 갈 때 여행자 티를 내지 않고 그냥 제주민처럼 보이는 느낌도 마냥 좋았다. 특별하지만 느긋한 일상의 여유로움이 배어 있었다.

예전 제주를 여행할 때 짧은 기간 동안 동에서 서로 한 바퀴 돌던 강박(일정)에서 벗어나 제주를 온몸으로 흡수했다. 한 달 동안 숙소 반경 10km를 벗어나는 일이 드물었다. 짧은 여행에서는 차마 갈 엄두조차 내지 못하거나, 알지도 못했던 동네 주변 곳곳을 다녔다. 우연히 발견한 동네 식당은 지금도 단연코 내가 가장 사랑하는 인생 맛집 중 한 곳이다. 지금은 전국 맛집으로 입소문이 나면서 줄을 길게 서야 한다. 숨겨진 나만의 케렌시아를 들킨 것 같아 아쉽기도 하지만 그것 그대로도 뿌듯한 경험이다. 맑은 날이면 맑은 날대로 비가 오면 비가 오는 대로 그야말로 내 사랑 제주에서 일상을 누리는 행복은 예전에는 상상할 수 없었다.

제주 한달살기 후 우리 가족이 삶을 대하는 자세와 태도가 극적으로 변했다. 이런 삶이 있다는 걸 처음 느꼈다. 다른 삶을 살고 있다는 느낌, 이제 한달살기는 이룰 수 없는 꿈이 아니라 계속 도전해야 할 인생 미션으로 격상되었다.

그다음 해에도 우리 여름은 제주에 있었다. 제주 한달살기 시즌 2, 그리고 내친김에 뭐 다를 게 있을까 싶어 그동안 꿈꾸던 해외로 한달살기를 확장해보았다. 국내나 해외나 준비 과정은 크게 다르지 않았지만 즐거움과 설렘은 배가 되었다.

해외 한달살기 첫 도전지로 호주 시드니, 그리고 우리 환경과 상황에 맞게 미국 서부 샌디에이고와 동부 워싱턴 D.C., 바르셀로나까지. 매년 도전 아닌 도전을 하며 살았다. 한달살기를 다양한 형태로 적용하고 변형하여 혼자만의 한달살기로 태국 치앙마이와 속초. 그야말로 그렇게 내 인생 최적의 포맷을 찾았다.

경제적 자유인에 걸맞은 가장 최적화된 실천이라는 생각에 그렇게 한달살기는 내 인생 목표로 자리 잡았다. 시작하는 것이 어렵지 한번 하고 나니 다음 한달살기는 어디로 갈까 생각하고 결정하고 그 과정을 준비하는 것들이 설렘을 선물하였다. 말 그대로 일상에 새로운 활력소가 되는 선순환 구조가 이루어진 것이다.

고백하자면 그 과정 중에 내 인생은 짧은 전성기를 지나 굴곡을 겪고 있었다. 그럼에도 한달살기는 포기할 수 없는 의식이었다. 미국 한달살기를 준비할 때는 경제적으로나 환경 면에서 갈 상황이 아니었는데도, 지인 찬스와 그동안 모은 항공 마일리지를 끌어서 감행했다.

그때는 한달살기가 주는 여유로움보다는 한달살기가 나에게 주는 절실함이 강했다. 한달살기가 나에게 툭 던진 메시지를 어떡하든 실행하고 싶은 욕구가 강했다. 간절함에 그렇게 다녀온 한달살기는 나에게 살아갈 동력이 되었다. 그래서 그 힘든 기간 선택한 결정에 결코 후회하지 않았다. 인생의 전성기를 지나 바닥으로 치는 와중에도 마지막으로 나의 자존감을 지킬 수 있게 해준 것이 한달살기였다.

1,000만 원 효용 가치: 여행은 비용인가, 투자인가

상황에 따라서 사람에 따라서 큰 금액이 되기도 하고, 적은 금액이 될 수도 있는 1,000만 원.

1,000만 원을 가지고 할 수 있는 것이 무엇이 있을까?

1,000만 원이면 부동산 갭투자 금액을 떠올리는 사람도 있다. 대학 입학금 포함 등록금 금액과도 비슷하다. 어떤 분에게는 부부 일주일 유럽여행 경비 정도일 수도 있다. 원룸 보증금 금액이 되기도 한다. 혹은 명품 가방 하나 가격일 수도 있다.

1,000만 원 효용 가치는 모두에게 다르다. 왜 갑자기 1,000만 원 효용 가치를 얘기하는 걸까?

어떤 분들은 이미 눈치 챘겠지만 우리 가족 한달살기 비용 기준은

1,000만 원이다. 물론 지역, 기간, 특수 상황에 따라 덜 쓰기도 하고 조금 오버되기도 한다. 한달살기가 꼭 한 달을 의미하는 건 아니고 보통 근처 여행을 덧붙여 보통 한 달에서 길게는 두 달까지이다(편의상 1,000만 원 기준은 한 달로 환산했다).

"말도 안 돼." 이렇게 말하는 분들도 있을 것이다. 항공 가격에 월세, 때로는 자동차도 렌트해야 하고, 혼자 가는 것도 아니고 가족 넷이 가는데 어떻게 1,000만 원으로 가능하느냐.

많은 사람이 한달살기처럼 장기 여행(?)을 부러워하면서도 막상 쉽게 가지 못하는 이유는 크게 비용과 시간 때문이다. 시간에 대한 고민은 여기서 제쳐두고 어떻게 1,000만 원으로 가족 넷이 해외에서 한달살기가 가능할까?

2016년 기준 호주 시드니에서 33일간(베트남 1박 2일 포함) 4인 가족 총비용은 1,016만 9,541원이었다. 어떻게 이게 가능할 수 있었을까? 답은 미리 준비하고, 간절한 만큼 조금씩 욕심을 줄이면 충분히 가능하다. 항공권은 1년 전 미리 검색해서 저렴한 경유편을 예약하거나, 혹은 그동안 쌓아놓은 항공 마일리지를 이용해 최소로 줄일 수 있다. 참고로 2019년 바르셀로나 한달살기의 경우 항공 마일리지를 사용하여(바르셀로나 In, 로마 out 4인 항공권 모두 무료, 단, 유류할증료 및 세금 약 100만 원) 일주일 로마 여행까지 포함하여 1,000만 원 이내 비용이 들었다. 항공권과 가장 큰 부분인 집 렌트 비용 역시 1년 전부터 부지런히

호주에서 한달살기 비용

현지 쓴 비용	TOT		3889.74	3,454,204			

				2,527,100	우리	인천-호치민-시드니(12/26, 2/24 3인)	항
				927,700	우리	인천-호치민-시드니(12/26, 1/29 진수혼자)	항
				695,399	우리	에어비엔비 콜코 예약(7박), 11/8	숙
호주 한달살기				836,940	우리	JET STAR(시드니 - 골코) 4인 왕복항공(A$962),11/20 결재	항
사전비용				40,641	우리	베트남 1박 (호텔스닷컴)	숙
				214,497	우리	블루마운틴 2박 에어비엔비(1/9 예약)	숙
				38,680	씨티	동부화재 여행자보험(12/26~1/28), 12/15 결재	기
				58,380	씨티1	동부화재 여행자보험(12/26~2/22,)	기
			1600	1,376,000	현금	5주치 숙박(시드니 레이크바)	공통 숙

	사전비용 TOT		6,715,337	
	호주한달살기 총 비용		10,169,541	
	진수귀국 후 비용		1,042,690	(식비 102,082원)
			11,212,231	
비용 유형별	항공료	3,454,800	31%	인천- 호치민 - 시드니 왕복(총 4인)
	항공료 II	836,940	7%	골드코스트 항공료(4인)
	숙박	2,285,896	20%	시드니 5주, 골든코스트 1주, 블루마운틴 2박
	식비	1,288,886	11%	
	기타비용	3,243,627	29%	각종 잡비, 입장료 및 기타비용

손품을 팔면 비교적 합리적인 가격에 한달살기 거처를 구할 수 있다. 사실 한달살기 개념이기 때문에 국내에서 쓰는 생활비를 해외 한달살기에서 쓰는 걸 감안하면 실제 비용은 항공비, 집 렌트 비용 플러스 알파 정도이다.

물론 1,000만 원도 비싸다고 느끼는 사람도 있을 수 있겠지만 '어, 이 정도면 할 만한데'라고 생각하는 사람도 있을 것이다. 각자의 환경과 상황에 따라 적은 금액이 아닐 수도 있지만 얻을 수 있는 가치를 생각하면 충분히 도전할 수 있는 범위이다.

투자에서도 1,000만 원의 가치를 어떻게 활용하느냐는 단순한 비용 수치가 중요한 것이 아니라 1,000만 원을 투입해서 어느 정도 효용가치를 얻을 수 있느냐가 더 중요하다. 나에게는 가족과의 한달살기를

2015년 제주　　　　　2016 호주 시드니

통해 1억 원 이상, 아니 돈으로 따질 수 없는 가치를 매번 1,000만 원의 비용으로 얻는 최고의 투자다.

　한달살기 기간 중 여러 가지 좋은 기억으로 남아 있는 몇 장면이 있다. 해안가에서 수영하고 마트에서 장을 보고 오면서 아들과 바닷가를 나란히 걸으면 했던 많은 대화. 초등학생이라 마냥 어리게만 봤던 아들이 생각보다 깊은 내용의 대화를 쏟아내는 걸 보고 깜짝 놀랐던 기억이 아직도 인상적이다. 이런 것들이 몇 개 쌓이면 그냥 본전 다 뽑았다는 생각이 든다. 그 순간 얻을 수 있는 것들은 분명히 물질적으로, 돈으로 절대 환산할 수 없는 값진 경험이다. 지금 아이들과 보내는 한 달은 아마 아이들이 다 자랐을 때의 1년보다 훨씬 더 값질 수 있다. 지금 아니면 평생 느낄 수 없는 그런 순간들이다. 어떻게 보면 한달살기는 나에게 가성비 높은 최고의 투자법이라고 말할 수 있다.

3장

어설픈 투자자의 성공과 당연한 실패

"우리가 잘못된 길에 빠지는 것은 뭔가를 몰라서가 아니라
안다고 확신하기 때문이다."

—마크 트웨인

어떤 투자를 할 것인가

투자를 처음 공부하면 먼저 어떤 투자를 할 것인가에 대한 고민이 시작된다. 우리 주위에 투자할 수 있는 세계나 아이템은 무궁무진하다. 최근에는 디지털 혁명으로 인해 예전 전문가나 소수만이 접근 가능했던 낯선 분야까지 대중적인 투자로 연결되고 있다.

재테크 투자 하면 떠오르는 것은 역시 부동산과 금융이다.

부동산 분야도 아파트, 다세대, 분양권, 재개발, 재건축 혹은 소액으로 하는 갭투자 등 본격적인 시세차익형 투자, 그리고 상가, 오피스텔, 지식산업센터, 다가구주택 등 수익형 부동산, 공장이나 토지 같은 부동산 본질에 가까운 분야도 있다. 사업 영역이 더해져서 부동산 개발이나 건축까지 확장이 가능하다.

주식을 포함한 금융도 투자 분야는 무궁무진한다. 전통적인 예·적금 은행 상품부터 일반적인 주식 거래나 공모주 투자는 SK바이오팜스, 카카오페이, LG에너지솔루션 등 국민 공모주 붐으로 인해 거의 대다수의 국민이 증권계좌 하나 정도는 다 개설했다. 펀드, 랩 등 간접투자 영역부터 채권, ETF 선물 투자, 파생상품 투자, 비상장 주식, 그리고 금, 은, 원유, 곡물, 원자재 실물 투자까지 스마트폰 하나로 투자가 가능한 시대이다.

20~30대에게 영끌 투자 붐을 야기한 가상화폐(코인) 투자에서 대체불가화폐라고 불리는 NFT 투자, 요즘 젊은 세대에서도 선풍적인 인기를 끌고 있는 아트 투자도 있으며, 본격적인 사업에 들어가기 전 창업과 자영업, N잡러까지 가리지 않고 투자는 한 영역으로 자리 잡고 있다.

대개 초보 투자자들이 접근하는 분야는 부동산, 즉 아파트에 대한 투자로 많이 접근한다. 대중적이면서 가장 잘 알려진, 비교적 초보가 접근하기에 난이도가 높지 않아서이다. "월세 받고 싶어요"를 표방하며 상가나 수익형 부동산에 대한 투자로 시작하는 분도 있다. 부동산의 꽃은 토지라고 생각하여 투자 초기부터 험한 길로 입문하는 분도 간혹 있다.

초보 투자자들은 부동산과 양대산맥인 주식에도 관심을 갖고 있다. 진입장벽이 낮아서 쉽게 계좌를 개설할 수 있다. 그리고 대개는 주위 지인들의 고급 정보라는 말에 솔깃하여 쉽게 입문했다가 사라지는 분들을 많이 보게 된다. "주식 하면 패가망신한다"라든가, 주식 하면 무조건 고개를 절레절레 흔드는 것은 예상 외로 많은 사람이 이런 아픈 상처를 안고 있기 때문이다. 사실 문제는 투자를 하는 방법이 잘못된 것이지만, 이런 잘못된 흑역사로 인해 자본주의 필수인 투자 세계를 너무 쉽게 떠나버리는 데 있다. 다시 강조하지만 자본주의 사회에서 투자는 선택이 아니라 필수이다.

《부의 추월차선》에서 강조했듯이 부자가 되기 위한 가장 좋은 방법은 사업이다. 당연히 리스크는 제일 크다. 물론 사업을 재테크나 투자로 분류하기에는 약간 무리가 있지만, 직접 사업을 하는 경우도 있고 안목이 있다면 사업에 투자하는 경우도 있다. 사업이라고 하기에는 조금 애매하지만 자영업이라는 아이템도 있다. 자영업은 생계형도 있지만 우리가 꿈꾸는 오토라고 말하는 투자형 자영업도 있다. 그 밖에도 여러 가지 다양하고 생소한 분야에 투자하는 분도 있다.

투자자들 사이에서 유행하는 격언처럼 "돈이 없지, 물건이 없냐. 투자할 곳은 널리고 널렸다."

과대포장된
어설픈 투자자

　나는 투자 고수가 아닌데도 불구하고 투자 초기 카페나 스터디에서 내공이 깊은 고수, 현명한 투자자로 착각했다. 아마 다른 사람보다는 조금 다른 투자 분야에 두루두루 발은 들여놓은 영향일 것이다.

　고백하자면 한 곳에 깊이 몰입하지 못하는 성격과 가진 능력이 많이 부족했다. 궁여지책으로 알든 모르든 관심 있는 곳에 부지런히 찾아가 보고 끝까지 버텨보자는 마음이 강했다. 그런 과정에서 너무 좋은 협업자들과 통찰력 있는, 소위 고수들도 만날 기회들이 많이 생겼다. 그런 인연들이 계속 확장되면서 좋은 인연들이 계속 생겨났다.

　인생을 살면서 능력에 비해 운이 좋았던 것은 인복 덕이다. 내가 살아오면서 언제나 자신 있게 말하는 거의 유일한 장점이다.

　투자 2~3년 차였을 때 스터디에서 자기소개를 이렇게 했다.

"첫 투자는 경매로 아파트형 공장을 낙찰받았습니다."

• 경매 그거 무서운(?) 아저씨들 많다는 데 아냐? 명도하는 데 엄청 무섭다고 하던데.

• 그리고 공장을 받았다고? 공장에서 뭘 만들려고 하지?

• 공장을 경매로, 그 어려운 것을 어떻게 처리할까?

(그 앞의 아파트형이라는 말은 싹 무시했다. 사실 아파트형 공장은 현재 단어가 주는 어감

때문에 지식산업센터로 이름이 바뀌었고 상가와 비슷한 수익형 부동산이다.)

"제주에서 동업으로 직영 다가구주택을 건축을 한 와와입니다."

• 건축하면 10년은 늙는다고 하던데….

• 그것도 그 먼 제주까지 가서, 요즘 장난 아니게 핫한 제주에….

• ○○리조트 옆 바닷가를 걸어서 5분에, 뒤에 도서관까지 있는 그렇게 입지 좋은

곳에 다가구를 직접 건축까지 하다니.

"가족과 제주 한달살기 해보니 유망할 듯싶어 한달살기용 숙소도 건축하려고 해요."

• 가족과 제주 한달살기? 너무 부럽다. 한달 월세만 엄청 비싸다고 들었는데….

• 4가족이 한달살기 하면 비용이 도대체 얼마야?

• 와와 님은 이미 경제적 자유를 달성했나 보네.

• 제주에 한달살기 전용 숙소를 짓는다고? 이거 넘사벽인데….

"오토 자영업으로 강남역 근처에 Take-out 커피숍을 오픈하였습니다."

- 강남역? 유동인구가 넘쳐나는 유명한 곳에서 창업하다니, 돈 많이 벌었네.
- 점심시간에 가보니 사람들 줄 서 있고 장난 아니던데…. 우와, 와와 님 대박이다.

"요즘 상가나 토지에 관심이 많아 여러 강의를 듣고 있습니다."

- 상가나 토지 강의도 많이 들으러 다니는 거 보니 상가나 토지도 많을 것 같아.

  (사실 이 당시에는 토지나 상가는 하나도 갖고 있지 않았다.)

- 와와 님 보니 가는 강의마다 강사님과 친하게 아는 척하던데 엄청 고수임에 틀림없어.

이렇게 써놓고 보니 고수로 착각할 만하다. 투자 초기 이런 이유들로 과대평가, 과대포장되어 보였다. 부끄럽게도 그게 사실인 듯 한동안 착각을 하고 다닌 어설픈 투자자의 오만한 시기였다.

새로운 파이프라인
구축 도전기

제주 직영건축에서 작은 수익을 본 후 여러 분야에 관심을 가졌다. 사실 이 시기 부동산, 특히 아파트에 집중하고 공부한 사람들은 소위 떼돈을 벌었다. 과감한 실행력만 있었다면….

나는 그러지 못했다. 투자의 첫걸음이 수익형에서 시작했고, 무엇보다 단순하게 부의 축적이 아닌 경제적 자유를 위한 시스템 구축이 나의 목표였다. 한 분야를 깊이 파지 못하는 성향도 한몫했다. 이 분야 저 분야, 두리번거리며 이것도 해보고 저것도 해보며 별의별 아이템에 발을 들이밀었다.

갈수록 새로운 파이프라인 구축에 대한 열망은 더욱 커졌다. 경제적 자유인이 되기 위해 설정한 첫 번째 단계, 내가 일하지 않아도 돈이 돈을 버는 선순환 시스템을 만드는 것이 제1목표였다.

적은 금액이어도 매달 꼬박꼬박 통장에 돈이 입금되는 시스템을 매년 한두 개씩 만들어간다면 멀지 않아 머릿속에 그려온 자유를 어렵지

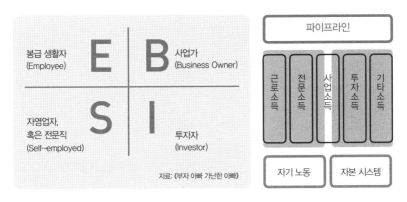

현금흐름 사사분면과 파이프라인

봉급 생활자
(Employee)

E

B

사업가
(Business Owner)

자영업자,
혹은 전문직
(Self-employed)

S

I

투자자
(Investor)

자료: 《부자 아빠 가난한 아빠》

파이프라인

근로소득

전문소득

사업소득

투자소득

기타소득

자기 노동

자본 시스템

않게 누릴 수 있을 거라고 판단했다. 경제적 자유인을 위한 로드맵의 첫 구상이었다.

경제적 자유인의 한 파트, 경제적인 부분은 시스템으로 만들고 나면 또 다른 한 축인 자유인은 내가 축적한 경험을 바탕으로 연습과 노력을 통해 충분히 이룰 수 있을 것이라고 생각했다.

짧은 경험이지만 한두 개 성공 사례를 통해 구축된 파이프라인은 비슷한 프로세스로 하나씩 구축할수록 비례하여 나에게 더 큰 여유가 생길 수 있다는 자신감이 있었다.

투자 세계에 진입하고 블로그를 시작하면서 재테크의 다양한 분야에 관심을 갖게 되었다. 관심의 확장 덕에 틈틈이 창업박람회나 관련 전시회를 다니며 현재 트렌드를 조사했다. 새로운 수익 창출 시스템에 관심을 가지면서 창업을 위해서 직접 가맹점 상담도 받았다. 오로지 파이프라인 구축에 집중했던 시기였다.

일명 경제적 자유인을 위한 플랜!

기존 용인 다가구 주택과 아파트형 공장에서 나오는 기존 파이프 1, 2호에 새로운 파이프 3, 4호 구축을 위해 애를 썼다. 지속적으로 관심 가는 다른 아이템도 스터디를 하면서 5, 6 … N호까지 꿈꾸며 들어갈 준비를 하고 있었다.

여러 가지 아이템 중 새로운 파이프라인 구축을 위해 다음 두 가지에 관심을 갖게 되었다.

하나는 제주에 집을 짓는 과정 중 "하나의 파이프라인으로 이런 분야를 접목하면 어떨까"라는 생각이 확장되었다. 한달살기 아이템을 사업에 접목하는 것이다.

그리고 또 하나는 스터디를 통해 접한 오토 자영업이다. 이름도 낯설지만 보통의 자영업처럼 365일 24시간 매여 있는 형태가 아니다. 기대수익률을 조금 낮추는 대신, 나의 노동력을 최소로 투입하여 운영하는 형태이다. 말 그대로 자동으로 돌아가게 매장 시스템을 구축하여 운영하는 것이다. 스터디를 통해 직영건축처럼 실제 사례를 접했고, 또 하나의 사례로 도전해도 괜찮을 것 같은 예감이 들었다.

예전 좋은 기억으로 마무리된 동업자끼리 형성된 공감대가 일종의 심리적 안전장치 역할을 해서 사업을 추진하는 동력으로 작동했다. 하지만 준비되지 않은 상태에서 그것은 안전장치가 아니라 위험 요소였고, 대가를 치르게 된다는 것을 그후 깨닫게 되었다.

파이프라인 사례 및 로드맵

파이프라인 구축, 즉 꾸준한 현금흐름은 경제적 자유인의 필수조건이라고 생각했다. 당시 1호, 2호가 운영되기 시작하면서 자신감이 붙었고 3, 4, 5 … N 호 추진을 목표로 했다. 1년에 적어도 하나씩만 하면 예상 외로 쉽게, 그리고 오래지 않아 경제적 자유인이 될 거라는 환상에 힘든지도 모르고 여기저기 부지런히 돌아다니는 연예인 스케줄을 소화하던 시절이었다.

제주 다가구 직영건축은 적지 않은 수익을 안겨주었다. 뿐만 아니라 동업에 대한 맹신과 초기 성공 투자 경험을 맛보면서 새로운 파이프라인 3, 4호를 추진할 동력이 되었다.

당시 업데이트된 파이프 라인 로드맵은 '기존 + 신규 + 추진'이다.

- 기존 사업소득(자영업) : 파이프라인 '0'호
- 파이프라인 1호 : 투자 이전, 회사를 그만두면서 용인 다가구 주택(16가구)을 매수 (근로소득 외 인생 첫 현금흐름)
- 파이프라인 2호(첫 투자) : 경매로 취득한 용인 아파트 공장 3개호실
- 신규 파이프 라인 구축 추진 : 제주 한달살기용 숙소 + Take out 커피전문점(강남역)
- 추후 파이프라인 스터디 진행 : 상가 임대소득 등

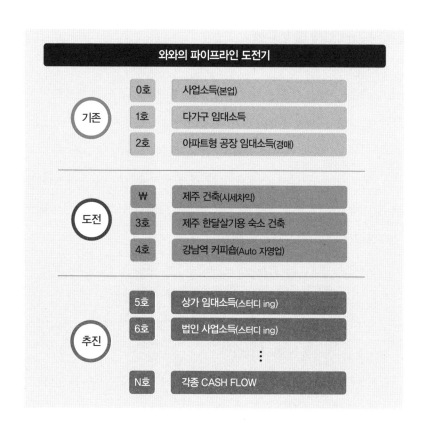

와와의 파이프라인 도전기

기존	0호	사업소득(본업)
	1호	다가구 임대소득
	2호	아파트형 공장 임대소득(경매)

도전	₩	제주 건축(시세차익)
	3호	제주 한달살기용 숙소 건축
	4호	강남역 커피숍(Auto 자영업)

추진	5호	상가 임대소득(스터디 ing)
	6호	법인 사업소득(스터디 ing)
	⋮	
	N호	각종 CASH FLOW

1호 파이프

	용인 다가구 수익률				
개요	월세 현황(대출 이자 미반영)				특이사항
	목표 월수익	최고	최저 (공실 발생)	매도 시	
• 원룸 10개, 투룸 6개 • 반지하 4개, 3층 4개는 불법 건축물	월 400만 원	월 427만 원 (보증금 2.9억)	월 102만 원	월 148만 원 (보증금 7.6억)	• 불법건축물로 이행강제금 부과되고 있는 상황 • 슬럼화되면서 공실률 높아짐 → 월세를 전세로 돌림 • 갈수록 노후화 심화 → 수선비, 리모델링 비용 증가

시세차익(세전) ➡ 1억 8,000만 원(2020년 매도, 12년 보유)

개요	월세(대출 이자 미반영)				특이사항
	목표 월 수익	최고	최저 (공실)	매도 시	

용인 지식산업센터 수익률

개요	목표 월 수익	최고	최저 (공실)	매도 시	특이사항

• 전용면적 30평 2개호실
• 전용면적 24평 1개호실
  (복층 공사)
• 경매로 감정가 71% 낙찰
	월
	200만 원
		월
		285만 원
			월
			200만 원
				월
				285만 원
					• 낙찰 후 임대 세팅까지 1년
					  소요
					• 초기 2개 호실 외국계 회사
					  (우량 임차임)
					• 4년간 사용하고 있는 세입자
					  에게 매도

시세차익(세전) ➡ 1억 4,000만 원(2021년 매도, 9년 보유)

제주 한달살기 전용 숙소(가칭 3호)

"한달살기용 전용 숙소를 직접 건축하여 우리 별장처럼 운영하자."
캠핑카가 있는 널찍한 마당이 있는 집, 바다가 보이는 베란다에서 제
주 전원생활에 대한 로망을 충분히 실현할 수 있는 집을 짓고 활용하
면 현재 뜨고 있는 한달살기용 숙소로 최적이라는 청사진이 그려졌다.
각자에게 크지 않은 비용으로 제주에 한달살기용 수익형 건물 겸 필요
할 때 세컨드 하우스로 이용할 수 있다는 환상에 빠져들었다.

제주에 직영건축을 하던 중 마침 근처에 저렴한 비용으로 임대할 수
있는 유휴 토지를 소개받았다. 유행하고 있는 컨테이너 건축 기법을 활
용하면 최소 비용으로 집을 지을 수 있다는 아이디어가 덧붙여졌다. 좋
은 기억으로 마무리된 동업 프로젝트를 다시 가동해 리스크도 분산할
수 있었다.

가칭 3호 제주도 한달살기용 컨테이너 하우스 큐브 스테이

블로그로 맺은 인연과 스터디를 통해 배운 최신 온라인 마케팅으로 홍보만 잘한다면 동업 시스템을 감안해도 월 100만 원 수익은 무난하지 않을까 싶었다.

당시에는 아무리 보수적으로 판단해도 황금알을 낳을 수 있는 아이템으로만 보였다. 단순한 생각으로 추진한 프로젝트, 우리는 너무 순진했다.

결론적으로 이 프로젝트는 실패했다. 첫 직영건축에서 맛본 초보자의 행운을 너무 과신하여 건축을 너무 쉽게 생각했다. 설계부터 착공까지, 그리고 초보의 지식과 경험으로 추진한 큐브 스테이(컨테이너) 프로젝트는 그로부터 2년이 지나도 준공허가가 떨어지지 않았다. 중간에 동업지분에서 빠져나오기는 했지만, 이미 많은 기회비용을 치른 뒤였다. 사전에 벌인 블로그 이벤트나 이제나저제나 준공이 떨어지길 기대하며 준비한 모든 것이 허사가 되었다.

말이 씨가 된다고 그야말로 2년간 별장처럼 사용되었다. 실제 우리

가족 제주 한달살기 시즌 2는 이곳에서 보냈다. 또 준공허가가 나지 않아 상업적으로 이용하지 못한 관계로 지인들도 많이 이용해서 그나마 깊은 추억이 깃든 곳이기도 하지만….

강남역 Take out 커피숍 오토 자영업 창업(가칭 4호)

설상가상 거의 같은 시기에 시작한 오토 자영업 결과도 좋지 않았다. 우리가 선택한 오토 자영업 아이템은 진입장벽이 낮아 경쟁이 치열한 커피전문점이었다.

이면도로이긴 했지만 강남역 근처 입지에 자신만만하게 오픈한 테이크아웃 커피전문점도 딱 1년 만에 두 손을 들었다.

가칭 4호 오토 자영업
강남역 Take Out 커피숍

애초 비슷한 성향의 동업자들로 이루어져 동업자 간 갈등이 많이 생기진 않았지만 그에 비해 사업 마인드나 의지는 많이 약했다. 동업 최대 단점인 의사결정과 책임에 대한 소재도 불명확했다. 사업할 준비가 되지 않았는데 막연하게 오토 자영업이라는 신기루에 빠져 조급하게 묻지마 투자한 대가를 그대로 감당해야만 했다.

파이프라인 도전 결과

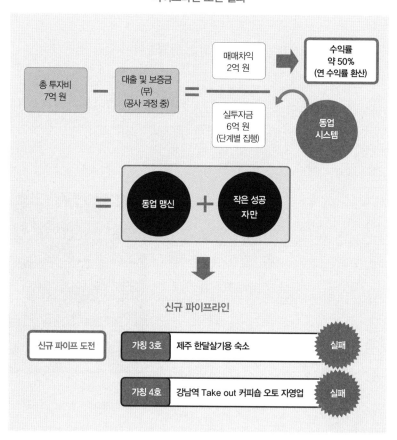

기본을 지킨
부동산 투자

　다른 부동산 책들에서 나오는 고수처럼 눈에 띌 만한 투자 성공 사례가 딱히 없다. 일단 난 성공한 투자자가 아니다. 남들이 보기에만 그럴 듯해 보일 뿐 아직도 어설픈 투자자이다. 단지 투자 필요성을 깨닫고 조그만 실행이라도 한 결과, 관심도 없고 아무것도 하지 않는 일반인보다는 조금 나은 결과물이 나왔을 뿐이다. 여러분도 관심을 갖고 한두 개만 실행해도 평균 이상 재테크 실력을 발휘할 수 있다.

　다시 말하면 당신이 월급쟁이거나 꾸준하게 현금흐름이 들어오고 있는 상황이라면 재테크 하나만 플러스해도 사실 크게 노후 걱정할 일은 없다는 말이다. 더 큰 욕심을 갖고 더 큰 만족을 추구하면 끝이 없지만 말이다. 그런 의미에서 이번 사례를 참고 정도로 하고 자신에게 맞게 조그만 성공 사례를 만들었으면 하는 바람으로 간단하게 소개한다.

　부동산 초기 상승 시장은 소액으로 투자가 가능한 아파트 갭투자와 분양권을 비롯해 주택시장이 주도했다. 주택 투자 붐이 일면서 투자자

층을 두텁게 했다. 그로 인해 여러 가지 이유와 무엇보다 규제정책으로 인해 상승기류는 풍선 효과로 여러 분야로 옮겨가기 시작했다. 그야말로 오피스텔, 아파텔 그리고 수익형 상가, 지식산업센터에서부터 토지까지 전 분야에 걸쳐 상승이 이루어진 부동산 전성시대였다. 개인에 대한 규제가 강화되면서 1인 부동산 법인이라는 독특한 형태의 투자 방법도 생겨났다.

부동산 가격이 바닥인 아주 운 좋은 시기에 부동산 투자 공부를 시작했지만 여러 기회에도 불구하고 큰 흐름을 타지 못했다. 여러 가지 이유가 있지만 집 한 채는 아파트 하나면 충분하다는 선입견과 편견이 가장 컸다. 밖에서는 개인 스타일이 맞지 않아서라는 명목상의 핑계를 댔지만 말이다. 뒤늦게 아파트 투자에 관심을 가졌을 때는 갭투자 끝물로 수익을 보지 못했다. 법인을 설립하고 나서는 바로 법인 규제대책이 나오면서 종부세 폭탄을 맞는 등 역시 뒷북을 쳤다.

아파트 투자 중 그래도 기본에 충실해서 얻은 성과도 있다. 입지 분석을 통해 좋은 위치에, 비교적 소액으로 매수할 수 있었던 서울 재건축 아파트 투자 건 하나, 그리고 능력이라기보다는 규제 전 운 좋게 청약하여 당첨된 서울 아파트다. 내가 한 아파트 투자 중 거의 유이(有二)한 성공 사례라고 말할 수 있다.

여기서 강조하고 싶은 것 하나! 투자는 기본에 충실하면 어떤 하락기에서도 밤에 발 뻗고 편하게 잠잘 수 있다는 것이다. 또 하나는 안전

마진이 확보되는 투자는 감당할 수 있는 수준에서 할 수 있는 시도는 다 해보는 것이다.

아파트 외에 투자 사례로 경매로 받은 지분토지 사례 한 가지, 급매로 잡은 화성 공상부지 신행 건도 공개한다.

금천구 재건축 아파트 투자

청약을 제외하면 아파트 투자에서 유일한 성공 사례이다.

입지 강의로 유명한 고수의 책(빠숑, 《김학렬의 부동산 투자 절대 원칙》, 지역분석 전문가 강의: 발품카페 골목대장 지역분석 8주 강의) 등 여러 곳에서 이름이 오르내렸던 단지다. 강의 등으로 알게 된 정보와 지식으로 더 깊게 손품을 팔았다. 마포 성산시영, 월계 일명 미미삼(미성, 미륭, 삼호 3차) 단지, 노원 상계주공 등 비슷한 비교단지를 몇 군데 발품 팔아 장단점을 비교했다. 투자 프로세스, 과정 등 모두 기본에 충실했던 사례이다.

이 아파트를 매수한 이유는 다음과 같다.

1. 비교적 소액으로 서울 재건축 아파트 매수 가능
2. 입지 분석을 통해 서울에서는 B급(금천구)이지만 그 지역에서는 A급 입지 확인
   - 1호선 금천구청역 도보 5분 거리 교통중심지, 대형마트 주변상권 등
3. 확정된 여러 개발 호재
   - 2027년 개통 예정 신안산선 시흥사거리역 도보 1분 초역세권(더블 역세권)

- 2020년 완전 개통된 강남순환고속도로로 인한 강남 접근성 대폭 향상(양재IC까지 15분)
- (구)대한전선부지 금천구 내 유일 대형종합병원 오픈 예정

4. 다른 단지 비교 빠른 정비사업 속도 – 매수 후 2년 뒤 조합 설립

5. 양도세 혜택 가능한 당시 부동산 세금정책 고려

- 준공공 임대주택으로 등록하고 10년 이상 임대 조건을 충족할 경우 양도세 100% 비과세(단, 2018년 8. 2 부동산 대책 소급 적용으로 현재는 100% 비과세가 적용되지 않음. 헌법재판소에 위헌소송 진행 중)

서울 금천구 ○○동 재건축 아파트 매수 건

서울시 금천구 ○○동 ○○ 아파트		
매수 시기	53.75㎡	2016. 7 매수
진행 사항		2016. 9 준공공임대사업자 등록 (당시 세법상 10년 충족 시 양도세 100% 비과세)
		2018. 3 재건축 조합 설립
		2021. 6 사업시행인가
		2022. 1 시행사 DL 이앤씨 선정
향후 진행		2023. 12 관리처분인가, 철거 및 이주 예정
		2027. 3 입주 예정
개요	매수가	2억 4,900만 원	
	전세가	1억 1,000만 원	
	대출액	9,200만 원	1금융권 후순위 대출
	실투자액	4,700만 원	취득세 및 별도 비용 제외 투기과열지구 조합 설립 이후 전매금지
	현재 시세	6억 9,500만 원	조합원 승계 조건 매물 2021. 9 → 실거래가

투자를 하면서 손품, 발품을 팔다 보면 하지 않을 이유가 없는 투자 물건들이 있다. 물론 투자할 준비가 되어 있어야 한다. 관심을 갖고 꾸준하게 보고 있던 중 발품 팔던 부동산 중개업소에서 급매건 연락이 와서 당일 현장방문 후 바로 계약을 진행했다.

금천구 재건축 아파트 투자

신안산선 복선전철

집주인 ▮▮▮ 2동
매매 7억 1,000
아파트 · 58.31/53.75㎡, 10/10층, 남동향
대림최고급아크로브랜드확정 내년이주예정 상세설명확인해주세요
▮▮▮▮▮ | 부동산뱅크 제공
25년이상 소형평수 탑층 방두개
확인매물 22.10.20

▮▮▮▮ 2동
매매 7억 2,000
아파트 · 58.45/53.92㎡, 저/10층, 남동향
조합원 지위승계가능, 더블역세권 입지.
▮▮▮▮▮▮▮▮▮ | 부동산뱅크 제공

건축물 용도 공동주택

매물번호 ▮▮▮▮▮▮▮▮▮

매물소개
1. 금액조정가능
2. 대림 최고급 아크로브랜드적용 확정
3. 59제곱(새아파트 25평)배정

저도 조합원이고 ▮▮▮ 26년 거주했습니다.
빠르면 23년 상반기 이주시작 입니다.
추가분담금 궁금하시면 연락주세요.

출처: 네이버부동산

현재 DL이엔씨 아크로(구 대림건설)로 시공사가 선정되었지만 비대위가 결성되어 있는 상태이고, 조합장 해임 소송이 진행 중이다. 그럼에도 불구하고 초기 안전마진이 이미 확보되었고, 시간의 문제이지 A급 입지 새 아파트가 건축된다는 사실에 변화가 없다. 때로는 문제가 발생하고 하락기가 도래하여도 이 아파트를 떠올리며 밤잠을 못 잔 적이 없을 정도로 편한 투자이다. 기본에 충실해서 투자하면 어떤 걱정도 할 필요가 없다.

강동구 아파트 청약

청약은 사실 운의 영역이다. 현재는 청약 기간, 무주택 기간, 가구 수 등 모두 가점제로 당첨 여부를 결정짓는다. 하지만 이곳은 문재인 정부 출범 이전 분양 단지로 본격적인 규제 이전이라 다주택자도 청약이 가능하고 일정 비율 추첨이 적용된 단지였다.

확정된 호재가 많이 있고, 미래가치가 보장된 곳이다.

강남직행선이라고 불리는 9호선 4차 연장노선 고덕역(5호선)이 2028년 착공 예정되어 있었다. 동네 전체가 대부분 재건축 단지로 주위 환경이 싹 바뀌어 서울 내 신도시급으로 조성이 진행되고 있었다. 제2경부고속도로라고 불리는 서울-세종 고속도로 IC와 인접해 있다. 무엇보다 향후 6~7년 이내 직주근접이 가능한 산업단지와 대규모 상업지구 고덕 비즈밸리가 형성된다.

서울 강동구 ○○동 ○○ 아파트 청약 당첨

서울시 강동구 ○○동 ○○아파트(총 4,932세대)			
분양시기		2016년 9월	
입주시기		2019년 9월	
분양가	59㎡	약 6억 4,000만 원 내외	
	84㎡	약 7억 7,000만 원 내외	
금액		현시세(최근 실거래가 기준)	전고점(2021)
	59㎡	12억 8,000만 원	15억 원
	84㎡	16억 5,000만 원	18억 9,000만 원
특이사항		• 2028년 고덕역 9호선 연장 예정(2022. 9 현재 착공)	
		• 고덕비즈밸리(IKEA, 대형 쇼핑몰, 백화점 등) 고덕산업단지 조성 중	
		• 제2경부고속도로(서울 세종) IC 개통	
		• 새정부 출범 이전 규제 이전 분양 단지, 다주택자도 일정 % 추첨제 적용	

물론 현재 다주택자에게는 기회가 없지만 정책은 언제든지 바뀔 수 있다. 그 당시에도 서울 최고 경쟁률이어서 당첨될 확률이 낮다고 청약조차 하지 않았으면 그 운이 올 기회조차 없었을 것이다. 청약신청일 마감 1시간 전까지 눈치작전을 펴서 무조건 당첨을 목표로 경쟁률이 가장 낮은 못난이 타입(59㎡ C타입, 경쟁률 11:1)에 지원한 노력도 무시할 수 없다. 주어진 환경하에서 할 수 있는 시도는 다 해야 한다. 서울 A급 입지 청약은 '선 당첨 후 고민'이라는 말이 있을 정도로 안전마진이 보장된 편한 투자이다. 하락장에서도 스트레스를 받고 고민할 필요가 없다. 올라갈 것은 언젠가 올라간다.

서울 강동구 신규 아파트 단지 배치도

신축 아파트 대규모 입주장에서는 주의할 점이 하나 있다.

새 아파트, 특히 주변 단지들까지 입주장에 가세하는 경우 초기 전세가는 낮게 형성되는 것을 고려해야 한다. 흔히 말하는 역전세이다. 대규모 입주에 전세금을 끌어다 입주 잔금을 치르려는 집주인들이 경쟁적으로 전세금을 시세보다 낮추면서 세입자가 주도권을 가지고 가는 현상이다. 이런 대규모 입주장만 활용하여 2년마다 입주장이 많은 지역의 새 아파트로만 이사 다니는 메뚜기족도 있다는 우스갯소리도 있다. 최근 주택임대차보호법 개정으로 최소 4년간 싸게 전세를 이용하고 다시 다른 대규모 입주 지역으로만 이주한다면, 비교적 저렴한 전세가격으로 계속 새 집만 이용하는 신新 역몸테크가 가능하다(몸테크란 '몸'과 '재테크'의 합성어로 외풍, 소음, 녹물 등 불편한 주거 환경을 무릅쓰고 노후 주택에 실거주하며 재개발이나 재건축을 노리는 투자 방식이다. 향후 가치를 기대하며 현재의 편한 주거 환경을 포기하는 몸테크는 재건축이나 재개발이 성사된다면 새집은 물론 시세차익까지 두 마리 토끼를 모두 잡을 수 있다는 장점이 있다. 몸테크는 최근 치솟는 부동산 가격으로 내 집 마련이 버거운 20, 30대 젊은 층 사이에서 새로운 재테크 방식으로 각광받고 있다.-네이버 지식백과).

믿기지 않겠지만 2008년 잠실 엘리트(엘스, 리센츠, 트리지움) 84㎡ 입주 시 전세가가 2억 원이 안 됐었고, 2019년 가락 헬리오시티에서도 비슷한 일이 일어났다. 최근에는 성남과 수원 대규모 입주장에서 또 한 번 역전세란이 일었다.

강동구 ○○동의 경우도 2년 사이 1만 6,000세대 이상 입주하는 장이어서 첫 전세가는 낮을 수밖에 없었다. 이런 경우 자금 계획까지 세우고 있지 않으면 낭패를 당할 수가 있다. 분양 당첨에서부터 2~3년 앞을 내다보고 계획을 세워야 한다. 약간의 팁을 주면, 당분간 대규모 입주가 없고 자금 사정이 조금 여유롭다면 3~6개월만 버티면 된다. 전세가는 주변 시세대로 다시 올라가 수렴한다는 것도 알고 있으면 좋다.

다시 말하지만 청약은 운의 영역이긴 하지만 부동산 지식과 경험, 경향을 활용하려고 하면 못할 게 없다는 걸 강조하고 싶다. 가점이 너무 낮다고 실망하지 말자. 정책이나 투자환경은 항상 변한다. 안 된다고 하지 말고 감당할 수 있는 범위 내에서 할 수 있는 것은 다 하길 권한다. 최근 아파트 트렌드는 신축 아파트가 대세이다. 특히 투자가 아니라 실수요자라면 상승장이나 하락장을 너무 재지 말고 이유 불문하고 청약 기회는 활용해야 한다.

파주 지분토지 경매

절대금액으로 큰 수익이 난 투자 사례는 아니다. 투자에는, 특히 부동산에서도 초보들은 모르는 다양한 투자 방법들이 있다. 겉에서 보면 어려워 보이지만 사실 안을 들여다보면 예상한 것만큼 난이도가 높지 않다.

경매는 수익을 내기 위한 수단이다. 앞에서 경매 물건 중 90%는 권리관계가 복잡하지 않아서 쉽게 접근이 가능하다고 설명했다. 나머지 10%를 보통 특수물건이라고 하는데 위장임차인, 유치권, 법정지상권, 지분경매 등 단어만 봐도 괜히 두려운 법적 지식이 어느 정도 필요한 것들이다. 예전에는 특수물건이 리스크가 큰 만큼 높은 수익을 보장했는데, 요즘은 꼭 그렇지도 않은 것이 현실이다. 어떻게 보면 가성비가 떨어지는 투자가 된 것이다.

그럼에도 경매에서 지분 투자는 꾸준하게 인기를 끌고 있다. 특수물건임에도 불구하고 소액 투자가 가능해서이다. 경매물건을 검색해보면 지분물건의 경우 수백억 원대 대형 건물지분도 있지만 심지어 수십만 원짜리 작은 지분물건도 있다. 지분경매 특성상 전체 지분 100분의 1만 갖고 있어도 일정 부분 행사할 수 있는 권리들이 있다. 사람들이 어려워하는 이유는 공유물 분할 소송이라는 법적 절차를 거쳐야 하기 때문이다.

법률사무소 사무장인 지인이 지분 전문가이다. 텐인텐 OB를 통해

(단위 : 원)

경기도 파주 지분토지 경매		
토지	1,576㎡	전체 토지 6,304㎡ 중 1/4 지분
	보전관리지역, 답(맹지)	
낙찰일	2018.6	
양도(배당)일	2022.7	
낙찰금액	1,811만 원	
양도(배당)금액	3,351만 8,583원	
비용	172만 8,303원	취득세 및 양도세 포함
실수익	1,368만 280원	75.5%(수익률)
특이사항	• 공유물 분할소송 판결 (2020.7) • 공유물 분할을 위한 형식적 경매 (2021.3) • 형식적 경매 낙찰(2022.4)	

인맥을 쌓게 된 평생 인연이 된 후배다. 적은 금액이지만 둘이 공동투자를 하여 괜찮은 수익률을 올렸다. 입찰 및 각종 업무는 내가 전담하고 소송 관련은 후배가 주로 처리하였다. 결국 '투자는 사람이다'라는 말을 실감한 사례이다.

파주 ○○읍 토지 지분 경매에 입찰한 이유는 다음과 같다.

1. 당시 남북정상회담 등 남북관계 개선으로 경기 북부, 강원 접경 토지가격 상승(파주, 연천, 철원, 고성 등)

2. 4번 유찰로 공시가보다 저렴한 입찰 가능(감정가 41% 수준 낙찰)

3. 향후 농지연금용으로 활용 가능성

파주 토지지분 경매 입찰

2017타경 • 의정부지법 고양지원 • 매각기일: ▨▨▨▨ • 경매 2계 ▨▨▨

소재지	경기도 파주시 ○○읍 [도로명검색] [지도] [지도] [주소 복사]		
물건종별	농지	감정가	44,128,000원

오늘조회: 1 2주누적: 0 2주평균: [조회동향]

구분	매각기일	최저매각가격	결과
1차	2017-12-21	44,128,000원	유찰
2차	2018-01-31	30,890,000원	유찰
3차	2018-03-07	21,623,000원	유찰
4차	2018-04-11	15,136,000원	유찰
5차	2018-05-16	10,595,000원	

토지면적	전체: 6304㎡(1906.96평) 지분: 1576㎡(476.74평)	최저가	(24%) 10,595,000원
건물면적		보증금	(10%) 1,059,500원

매각: 18,110,000원 (41.04%)
(입찰10명,매수인:라○○ / 차순위금액 15,780,000원)

매각물건	토지지분매각(제시외기타 포함)	소유자	김○○

매각결정기일: 2018.05.23 - 매각허가결정
대금지급기한: 2018.07.04

개시결정	2017-05-25	채무자	김○○

대금납부 2018.06.25 / 배당기일 2018.08.01

사건명	강제경매	채권자	신한카드(주)

배당종결 2018.08.01

⬇

2021타경 • 의정부지법 고양지원 • 매각기일: ▨▨▨▨ • 경매 6계 ▨▨▨

소재지	경기도 파주시 ○○읍 [도로명검색] [지도] [지도] [주소 복사]		
물건종별	농지	감정가	252,160,000원

오늘조회: 1 2주누적: 2 2주평균: 0 [조회동향]

구분	매각기일	최저매각가격	결과
1차	2021-12-29	252,160,000원	유찰
2차	2022-02-16	176,512,000원	유찰
3차	2022-03-23	123,558,000원	유찰
4차	2022-04-27	86,491,000원	

토지면적	6304㎡(1906.96평)	최저가	(34%) 86,491,000원
건물면적		보증금	(10%) 8,649,100원

매각: 136,600,000원 (54.17%)
(입찰5명,매수인:송파구 임○○ / 차순위금액 103,000,000원)

매각물건	토지 매각	소유자	신○○

매각결정기일: 2022.05.04 - 매각허가결정
대금지급기한: 2022.06.14

개시결정	2021-03-25	채무자	신○○

대금납부 2022.06.14 / 배당기일 2022.07.20

사건명	임의경매(공유물분할을위한경매)	채권자	라○○
관련사건			

배당종결 2022.07.20

4. 절대적 소액 투자

5. 계획적인 자금 회수 가능

실제 자금 회수 기간은 4년이 걸렸지만 사실 두 번의 소송 때 기간을 우리가 조정하여 조금 길어졌다. 소송을 감안해도 최대 2년이면 자금 회수가 가능하고 이해관계자에게 매도하면 빠르게는 1개월 이내 회수도 어렵지 않다.

무엇보다 지분경매는 기계적인 패턴이어서 한번 익혀두면 평생 써먹을 수 있는 스킬이다. 기계적인 투자, 즉 입찰할 수 있는 자기 기준만 명확하게 세워놓으면 스트레스를 받지 않는다.

소액 지분 투자 입찰 시 ① 실투자금액 2,000만 원 이하, ② 공시가 이하, ③ 공유자 3명 이내, ④ 가능하면 수도권, 이런 우리만의 기준을 갖고 있었다.

단, 소송이라는 번거로운 절차를 거쳐야 하고 사람들은 귀찮은 것을 싫어하며 투자하기 때문에 투자할 것이 여전히 많은 분야가 지분경매이다.

화성 ○○읍 공장부지 토지 투자(급매-동업)

투자 초기부터 수익형 부동산이나 건물을 지을 수 있는 토지 분야에 마음에 끌렸다. 투자 초기 토지를 매수하여 다가구 건축부터 실행한 것을 보면 투자 시 개인 스타일도 무시할 수 없다. 여전히 난 건물을 지을 수 있는 토지 분야에 관심이 많은 편이다. 다만 예전에는 주택에 관심이 있었다면 지금은 공장부지에 대한 관심으로 확장되었다.

지속적인 관심, 강의를 통해서 모든 부동산의 기본은 결국 토지를 기반으로 한다는 사실 하나와 어느 모임을 통해 들은 제조업 사장님 스토리가 화성 공장부지를 매수하게 된 이유이다.

공장을 운영하는 사장님들이 돈 버는 진짜 이유는 사업이 잘 돼서라 기보다는 바닥에 깔고 있는 공장부지, 즉 땅값이 급상승해서 돈을 버 는 게 대부분이라는 말을 들었다.

몇 년 전부터 토지에 대한 관심을 갖고 임장과 스터디를 하는 중 지 인을 통해 좋은 공장부지를 소개받았다. 사연이 있어 조금 저렴하게 나온 급매물이었지만 문제는 내가 감당하기에는 가격과 사이즈가 큰 토지였다.

포기하기로 마음먹었지만 밤새 머릿속에 그 토지가 아른거렸다. 공 장입지도 좋고 모양도 예쁜 그렇게 흠잡을 수 없는 토지를 처음 본 듯 했다. 머릿속에 한 가지 아이디어가 떠올랐다. 제주에서 첫 토지 건축 을 할 때도 역시 동업이었다.

동업에 대한 편견들을 많이 갖고 있다. 도시락 싸들고 가서 말린다 는 동업, 확률적으로 3분의 2 정도는 맞는 얘기이다. 하지만 남은 3분 의 1 확률로 동업을 예찬하는 사람들도 많다. 나 역시 동업으로 성공 한 경우도 있고, 실패한 경험 둘 다 있다. 동업을 누구와 하느냐, 결국 사람의 문제이다.

동업했을 때 좋은 기억을 갖고 있는 두 명을 설득했다. 제주 건축 때 같이 동업했던 분 중 한 분 그리고 파주 지분토지 경매를 같이 했던 후 배에게 물건에 대한 브리핑과 설득을 했다. 이렇게 세 명이 멤버가 되 어 결국 일을 저질렀다.

동업할 때 가장 문제가 되는 부분은 사람을 믿고(너무나 당연한 얘기이지만 동업을 시작할 때는 모두 믿을만한 사람이라고 생각하고 진행한다) 모든 협의 사항을 구두로 진행하고 문제가 발생하는 경우이다. 일이 잘 진행될 때는 상관없지만 문제는 항상 일이 계획대로 진행되지 않을 경우 발생한다. 계약서는 이럴 경우 빛을 발한다. 동업계약서도 이런 것을 염두에 두고 반드시 문서로 작성해야 만약의 경우 사람도 잃지 않는다. 특히 동업계약서는 아주 세부적이고 구체적으로 명시해놓아야 뒤탈이 없다. 좋은 것이 좋은 것이라고 두리뭉실하게 작성할 경우 작성하지 아니한 것과 같이 별 효과가 없다. 같은 자금을 투자했지만, 시간이 지나면서 각자의 판단이 달라질 경우가 많다.

　　동업에 대한 이점은 충분히 살리고 서로 간 보상은 최대한 보장하되 동업 목표를 숫자나 시기적으로 정확하게 기재해야 하고 계약이 불가피하게 종료될 여러 경우의 수에 대한 안을 세부적으로 명기해놓으면 큰 문제 없이 동업을 유지할 수 있다. 계약서에는 인감도장 간인 후 각자 인감증명서를 첨부하면 만일 경우를 대비한 법적 효과도 보장받을 수 있다. 이렇게 준비하고 장점을 활용하면 동업은 각자 역할에 따른 분업 효과, 집단지성 그리고 리스크를 분담할 수 있는 최고의 선택지가 될 수 있다. 특히 자금이 부족한 투자자가 소액으로 투자하기 힘든 토지 시장 경우 절대적 가격이 고가인 토지를 평단가로 좀 더 저렴하게 사기 위한 방법 중 하나이다.

화성 공장부지 토지를 급매로 매수한 이유는 다음과 같다.

1. 최근 4~5년간 경기남부 공장부지 공급 절대 부족으로 토지매매, 임대가격 급상승
   - 2022년 3월 3일 인근 공장경매 건 감정가 신건 42명 입찰 감정가 152% 낙찰 사례
2. 토지 인근 교통호재: 발안 – 남양고속도로 송림IC 인근 개통 효과(5분 이내 접근성)
3. 공장을 짓기 위한 진입 도로 조건 완벽(8m 도로 연접)
   - 공장건축을 위한 토지는 대형 차량들이 진입할 수 있는 진입도로 필수조건, 보통 전체 면적 중 10%는 도로지분. 실제적으로 90% 이하로밖에 활용할 수 없다. 이 토지 경우 도로가 시 공유지로 10% 싸게 사는 효과가 있다.
4. 매도자 사정으로 인한 급매 → 시세보다 저렴
5. 수익형 + 시세차익 동시 추구 가능
   - 공장 3동 정도 지을 수 있는 규모(약 750평), 한 동은 이미 임대 가계약(3,000만 원/300만 원)
   - 공장 3동 건축 시 월세 800만 원 추정, 대출이자 감안 월 500만 원 이상 순수익

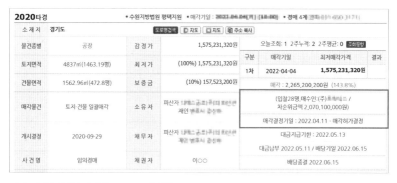

경기도 공장 경매건 감정가 143%, 28명 입찰

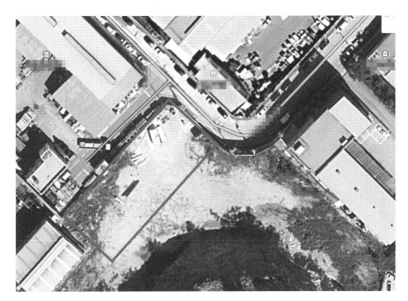

화성 공장부지- 좋은 모양, 2차선 도로 연접

예상

• 지속적인 토지가격 상승

합리적인 가격인 만큼 당연히 약간의 문제는 있었다. 건축에 있어서 중요한 부분 중 하나는 인허가 절차인데, 기존 득한 인허가를 취소하고 다시 신청해야 하는 이슈가 있었다. 이 과정 중 대출 실행에 어려움을 겪기도 했다. 하지만 결국 해결되는 과정 중이고 다만 시간의 문제일 뿐이다. 모든 문제는 해결되라고 발생한다는 말처럼….

이 건의 경우 매수 때에도 지인 부동산을 통해 소개받았고 계약과 인허가 과정 중 수원에서 연을 맺은 전문가의 도움을 받았으며 실제

계약은 동업을 통해 이루어졌다.

어설프지만 그래도 성공적으로 보이는 이 투자들의 공통점은 무엇일까? 자기만의 투자 기준이 있었고, 기본을 지켰다. 앞에서 강조했던 기본에 충실했던 투자이다.

기본에 충실하면 무엇보다 어떤 위기나 하락장이 와도 스트레스를 받지 않고 밤에 발 뻗고 잠을 잘 수 있을 만큼 마음 편한 투자가 된다. 또한 이런 경험을 통해 다시 한번 '투자는 사람이다'라는 말을 실감했다.

지속적인 관심과 스터디를 통해 기본 지식을 축적하고, 현장 조사를 통해 어느 정도 안전마진을 확보했는지 확인한다. 그리고 감당할 수 있는 최대 레버리지를 활용하여 수익을 극대화한 사례들이다. 재건축, 신규 아파트 청약, 토지 등 모두 현재가치보다는 미래가치 가능성이 큰 물건들이었다.

하지만 이런 사례 뒤에 너무나 아프고 도드라지는 실패 사례가 더 많다. 그야말로 어설픈 투자의 전형이었다.

돈을 좇는 생활로의
복귀

경제적 자유인 프로젝트로 설계한 로드맵, 각 월 100만 원씩 파이 프라인 구축을 목표로 한두 가지 아이템(한달살기용 숙소, 오토 자영업 카페)이 1년 사이 완벽하게 어긋나면서도 아직은 기나긴 어둠의 터널로 들어가는 입구인지는 그때까지도 상상할 수 없었다.

하지만 나름 야심 차게 뿌린 씨앗들이 싹을 틔우지 못하고 모두 말라버린 뼈저린 경험으로 그동안 시나브로 올라온 자존감은 조금씩 다시 내려가고 기고만장했던 자신감도 빠르게 떨어지기 시작했다.

"빨리 부자가 되기 위해서는 빨리 돈을 벌기 위해서는 안 된다."
"돈을 벌기 위해 돈을 좇지 말아라."

부에 대한 이런 원칙들은 저편 기억으로 사라지고 다시 예의 자영업 지속 여부를 고민하던 초기 불안 상태로 돌아갔다. 기본을 무시하고 돈을 좇는 생활로의 복귀는 앞으로 나에게 닥칠 생지옥의 입구라는 것을 모르고 단기 실패를 만회하기 위해 그렇게 욕심과 탐욕을 키워나갔다. 외부에서는 보기에 여전히 난 고수 투자자로 인식되고 있었다. 오히려 그동안의 평범하지 않았던 경력에 화려함이 가미되어 각색되어 보였다. 과대포장된 나의 이미지에 현혹되어 마인드는 조금씩 무너지고 조급함에 불을 당겼다.

　객관적으로는 나쁜 재정 상황은 아니었음에도 불구하고 한두 번의 실패 때문에 마음속에 싹튼 조급함과 탐욕은 나의 상황을 빠르게 악화시키기 시작했다.

무리한 투자의 연속,
백기를 들다

　자본주의 시대, 어쩔 수 없이 투자가 필수인 시대이다. 마인드를 정립하고 차근차근 투자 기본을 따르기에는 인간 욕심과 본능 때문에 어느 순간 한없이 무력해졌다. 특히 조그만 성취(과실)를 맛본 어설픈 투자자에게 이브들이 던지는 눈앞에 아른거리는 달콤한 사과의 유혹에 속수무책이었다. 그 이후 나의 투자는 거의 복마전 수준이었다. 지금 상상조차 하기 싫다.

　당시 나름 확신을 가지고 접근한 사모투자와 장외주식에 투자한 것까진 나쁘지 않았다. 조금만 확신이 들면 올인 모드인 것이 문제였다.

　사모투자는 최근에는 많이 알려졌지만 당시만 해도 소수에게만 알려진 낯선 유사수신 투자 수단이었다. 투자 분야 입문 후 남들과 다른 투자를 많이 하고 다양한 곳에 관심을 가지다 알게 된 분야이다. 투자종목에 대한 깊이는 부족했지만 시스템과 배경, 메커니즘에서 수익나는 법에 대해 꾸준하게 연구하고 공부했기 때문에 어느 정도 확신이 있었다. 조금 높은 리스크를 안고 있었지만 초반에는 그런 리스크를 감당할 수준에서만 투자했다. 거기에 사모투자로 알게 된 정보들로 인해 그 종목에 대한 장외주식으로 투자가 확대되었다. 시작은 그렇게 투기적이지 않았다. 문제는 점점 투기적으로 변해간 내가 문제였다. 그럴수록 더 세밀하게 컨트롤하고 기준, 분산, 절제 원칙을 잘 지켰다면 꽤 큰 수익을 낼 수도 있었을 것이다. 하지만 파이프라인 구축에 차질이 생긴 그 당시, 그럴 여유가 없었다. 역시 조급함으로 생긴 욕심이 문제였다.

그렇게 사모투자와 그 안에서 상장이 확정된 장외주식에 올인하였다. 최근 공모주IPO로 대박이 난 주식들(SK바이오팜이나 카카오게임즈)은 상장 당시 타이밍이 기가 막히게 좋았지만, 내가 올인한 종목은 타이밍이 더이상 나쁠 수 없는 환경이었다. 상장주식, 공모주를 공부한 공식과는 달리 여러 가지 국내외 상황이 너무 안 좋았다는 것을 간과했다. 6개월만 일찍, 아니 6개월만 늦게 상장되었다면 내 인생이 어떻게 바뀌었을지 모른다. 변명이지만 인생의 운은(부라는 것은) 어떻게 될지 아무도 모른다는 것을 그때 실감했다.

상장이 확정되고 단기 자금까지 모든 계좌를 탈탈 털어 상장 전 장외주식을 매수하였다. 추후 발표된 공모가는 내가 산 매수가의 반 가격이었다. 거의 충격 그 자체였다. 한강을 가야 하나 할 정도로 하늘이 노랗게 보였다.

지금이야 따상이라고 해서 상장 첫날 공모가 두 배 시초가가 형성된 후 상한가까지 올라가는 경우도 있지만, 그 당시 가라앉은 분위기 덕에 상장 첫날 공모가에서 또 10%가 떨어졌다.

내가 집중투자한 종목은 바이오 열풍이 한참 불고 있을 때 화제가 된 신라젠이었다. 상장 후 1년 동안 국내 대다수 언론에서 적어도 한두 번쯤은 언급한 거의 국민주식이었다. 하지만 상장폐지 검토 이후 얼마 전 상장유지결정을 받고 거래가 재개된 상태이다.

돌아보고 나면 그래도 한 달 정도 비교적 덤덤한 척 잘 버텼다. 나의 탐욕에 경고를 보낸 것이라고 자기 위안과 반성으로 마음을 달랬다. 서둘러 투자한 단기 자금을, 상장 이후 최악의 시나리오대로 흘러 한 달에 50% 이상 손실을 보고 반 이상 털어냈다. 인과응보라 여기며 겉으로는 차분하게 버틴 척했지만 이미 내 마음속에는 아귀 지옥이 싹트고 있었다.

비슷한 시기 자질구레하게 투자했던 것들에도 원칙이 없었다. 기준도 없었다. 이후부터는 거의 돈 놓고 돈 먹기식 투자가 아닌, 카지노식 투기의 연속이었다. 통장에 하루도 돈이 있는 꼴을 보지 못했다. 돈이 조금 보인다 싶으면 올인. 고민도, 어떤 안전장치도 없이 나의 조그만 확신을 맹신했다. 누가 어디서 돈을 벌었다는 소리만 들으면 혹해서 반나절의 검색만으로 나의 돈은 어느 순간 그곳에 들어가 있었다. 그 분야에 대한 공부를 열심히 한 것도 아니고 지금 생각해보면 무언가에 홀린 시기였다.

불행히도 당시 건축이나 자잘한 투자로 모인 수익, 단기 자금 그리고 가족들 목돈도 쥐고 있는 것이 문제였다. 조급함과 욕심에 더해 하필 무슨 이유에서인지 수중에 목돈까지 쥐고 있어서 안 좋은 쪽으로 삼박자가 딱딱 들어맞았다. 어쩌면 운이 막힌 시기에 발생할 수 있는 필연이자, 나에 대한 경고가 아니었을까.

상가분양권 초단기 투자에서 토지 투자를 빌미로 한 산업단지 분양, 고급 정보라는 지인의 말만 듣고 산 주식들, 한참 때도 관심을 기울이지 않던 아파트 갭투자까지. 그리고 어설픈 투자 하이라이트는 지금도 아무도 모르는 비밀, 투기판의 끝 가상화폐까지 기어이 손을 댄 것이다.

인생 한방, 대박을 노린 무리한 투자의 연속, 결과가 좋을 리 없었다. 하지만 그럴수록 불안이라는 먹이를 맘껏 먹은 마음속 탐욕은 이성을 더욱 마비시켰다.

일주일 내 몇천의 P(프리미엄)를 받을 수 있다는 말에 투자한 상가분양권은 한순간 분위기 급락으로 몇 년간 돈이 묶이게 되면서 급하게 마이너스 피로 처분했다.

그 당시 여기저기 언론에서 하루 만에 몇백 퍼센트 수익률과 몇억 원을 우습게 만든 가상화폐 투자에 나의 영혼 없는 돈들은 좋은 먹잇감이 되기에 딱 좋았다. 단 몇 시간 만에 벌어진 엄청난 손실에 숫자는 점점 더 무뎌지고 그에 반해 정신은 바닥을 드러내며 거덜나고 황폐해졌다. 당시 가상화폐는 투자라는 이름을 걸친 무모한 폭탄 돌리기식 도박이었지만 나만 피해가면 그만이라는 폭탄이 바로 내 앞에서 터졌다. 가상화폐는 탐욕의 끝이었다.

결정적으로 내 정신력에 대한 극한 한계를 테스트하고 터진 것은 신라젠 상장 후 50%가량 손절매한 뒤 9개월 지나고 나서였다. 워낙 집중해서 매수해놓은 상태라 손절매 후에도 여전히 일정량의 주식을 갖고 있었다. 상장 후 거의 9개월 동안 공모가 밑에서 왔다 갔다 하다 어느 순간 가격이 오르기 시작했다. 내가 장외시장에서 매수한 평균단가를 넘어가기도 하였다. 손익분기점에서 오르락내리락 몇 번 하고 "이 주식으로 평생 할 마음고생을 다 했다"라고 위로하며 3~4번의 등락을 보고 손익분기점에서 미련 없이 거의 전량을 던졌다. 그리고 한 달 후 거짓말처럼 600% 이상 상승했다.

사실 당시 돈이 급한 것도 아니었고, 몇 번의 등락을 보고 이 정도 마음고생을 했으면 인생 공부는 많이 했다 싶어 결단을 내린 것이었다.

어떻게 보면 손절매를 하고도, 수치상으로 다시 본전에 가깝게 매도했음에도 불구하고 실현되지 않은 수익에 대한 가상의 허구 숫자에 말 그대로 머리가 돌아버리고 말았다.

난 경제적으로나 정신적으로 모두 백기를 들었다.

투자의 세계는 밖에서 보는 것 이상으로 치열하고 살벌한 분야이다. 어설프게 기웃거려서 자유를 추구할 수 있는 곳이 절대 아니다. 이 시기 난 조급함과 탐욕에 휘말려 악마에게 영혼을 팔았다.

설렘은 짧고 고통은 길다.

실패에서도
배울 것은 있다

　몇 가지 성공 사례에도 불구하고 어설픈 투자로 인해 가슴 아픈 실패들이 너무 많았다. 실패는 할 수 있지만 문제는 실패하는 패턴과 원인이었다. 기준도 없고 기본을 지키지도 않았다. 무엇보다 조급했다.

　인간지사 새옹지마라고 실패 사례 중 전화위복이 된 사례도 있다.

　1인 법인 경우 개인에 대한 대출 및 각종 규제로 투자가 제한된 상태에서 하나의 수단으로 당시 엄청난 설립 열풍이 불었다. 강의 시장에서도 발 빠르게 구체적인 세금 및 법인 강의가 연달아 개설될 정도였다. 조금 고민했지만 명확한 계획에 따라 설립했다기보다는 유행에 따라 1인 법인을 만들었다. 3개월 후 부동산 법인 사망 선고라고 할 정도 법인투자를 강력하게 제한하는 규제가 발표되면서 시장은 급격하게 얼어붙었다. 규제 핵심인 법인 종부세 공제 없이 최대 세율(3~6%)이 적용되어 법인으로 주택투자를 하는 것은 미친 짓이라는 소리까지 들었다. 그럼에도 지금도 여러 고수의 도움과 법인에 대한 공부를 통해

어설픈 실패 사례

NO	어설픈 실패사례	결과	추진 이유	실패 이유
1	한달살기용 숙소 건축 (제주 규브 스테이)	본전 – 2년간 기회 비용 상실	• 한달살기 유행 • 초기 소액 투자 가능 판단	• 멘토에 대한 높은 의존도 • 건축 기본 지식 부족
2	오토 자영업 (강남역 Take out 카페)	투자금 30% 손실	• 동업 성공 경험으로 인한 자신감 • 강남역 입지 맹신	• 동업 성공에 따른 오판 – 역할 분담 모호 • 상권 분석 미흡 • 경험 부족
3	사모투자(장외주식)	수익 원대 손실	• 메커니즘 투자 자신감 • 초기 소액 투자 가능	• 기본 무시 – 과도한 욕심과 조급함 • 소위 몰빵 투자
4	동탄역 인근 상가 분양권 투자	마이너스 P 매도	• 동탄역 인근 • 지인 투자 권유	• 기본 무시
5	부평 아파트 갭투자	3년 보유 후 본전 매도, 매도 후 급상승	• 갭투자 도전	• 수요 – 공급 계량적 분석 소홀 • 당시 부동산 분위기 오판
6	화성 산업단지 투자 (동업)	본전 – 2년간 기회 비용 상실	• 화성 공장부지 수요 부족 • 산업단지 분양조건 ➡ 기존공장부지 판단	• 산업단지에 대한 이해 부족 • 동업자 간 의견 충돌, 1인 업무 과도한 집중
7	1인 법인 설립	법인 설립 후 3개월 후 법인 규제 발표	• 법인투자 시 세금 등 각종 혜택 • 당시 1인 법인 설립 붐	• 규제 예측 불가 • 전화위복되어 현재 무난하게 운영 중
8	가상화폐	단기간(1주) 수천만 원 손실	• 오직 수익	• 카지노식 투기
9	각종 주식 매매	단기투자 손실, 현재 장기투자로 운영 중	• 주식 상승장	• 지식 부족 • 기본 무시

무난하게 법인을 운영하고 있는 것은 다행이라는 생각이 든다.

최근 주식 상승장에서도 큰 수익을 얻지 못했다. 예전 잘못된 주식 투자로 큰 재미를 본 경험은 거의 없었다. 몇 년 전《지금 중국 주식 천만 원이면 10년 뒤 강남아파트 산다》라는 자극적인 제목으로 책이 나올 만큼 중국 주식이 붐이던 시절이 있었다. 그때 자세한 분석이나 공부는 하지 않고 뉴스로 얻은 지식으로 투자한 전형적인 사례이다. 소액으로 중국 주식을 사놓았지만 역시나 살 때가 고점이어서 강제적인 (?) 장기투자의 길로 들어섰다. 한동안 여러 투자 실패로 멘붕에 빠진 슬럼프 시기여서 중국 주식에 투자한 것 자체를 잊고 있었다. 몇 년 후 다시 주식 상승 사이클에 우연히 계좌를 보고 깜짝 놀랐다. 무려 수익률이 300%가 넘어 있었다. 예전에 사놓은 주식은 중국 내에서도 우량주였다. 전기차, 2차전지, 재생에너지라는 흐름을 타고 있는 시세 주도주였다. 이때 경험은 향후 주식투자에 큰 영감을 주었고, 장기적인 투자 방향에 대한 아이디어로 활용하고 있다. 우연찮은 전화위복이었지만 실패에서도 배울 것은 있다는 것을 다시 한번 깨달았다.

어설픈 투자 그 후, 우울증

어설픈 투자 그 이후 탐욕이 휩쓸고 지나간 자리.

하늘 높이 솟았던 자존감은 어느새 저 밑바닥으로 다시 곤두박질 치고 나에게 남겨진 것은 우울증이었다. 내 멘탈은 이미 회복할 수 없는 우울증의 깊은 늪으로 빠져들고 있었다.

무기력 그 자체, 의욕도 없고 몸을 까닥 움직이는 것조차 싫었다. 집을 나가진 않았지만 노숙자의 삶과 다름없었다. 하루하루 아침에 눈 뜨는 것이 죽을 만큼 힘들었다. 아침이 밝아오는 순간 '지옥 같은 하루가 또 시작되는구나'라는 생각에 무기력해지면서 심한 공포와 불안으로 너무 두려웠다.

한참 자존감이 높을 때 거울을 통해 나를 보면 참 멋져 보였다. 힘들고 자존감이 떨어지면 외모도 초라해 보이고 못생겨 보인다. 참 신기하다. 그 당시 아침, 세수를 하고 거울을 보면 쭈글쭈글 축 처져 있는 낯선 한 사내가 나를 지켜보고 있었다.

파울로 코엘류가 소설 《불륜》에서 '몸과 마음이 모두 더러워진 느낌'은 우울증에 빠진 나를 표현한 말이었다.

우울의 늪에 빠져 허우적대고 있는 모습은 나를 바라보는 사람에게도 나쁜 기운이 그대로 전달되기 마련이다. 무엇보다 가장 가까운 가족과 지인에게 여과 없이 그대로 전해졌다.

어머니가 기력이 빠진 나를 억지로 끌고 간 한의원에서 한의사가 "본인이 제일 잘 알 텐데요"라고 말했을 때 어머니 앞에서 하염없이 눈물을 쏟았다.

어쩌면 우울의 기운은 한창 좋았을 때 무의식 속에서도 나에게 전달되었을지 모른다. 최근 몇 년간 완전히 다른 삶을 살아온 몸과 마음은 무의식중에 거짓말을 하지 않으니까.

제주 가는 비행기를 타러 공항으로 가는 지하철 플랫폼에서 갑자기 펑펑 울고 싶었던 기억이 있다. 그야말로 미친놈처럼 대성통곡을 하고 싶었지만 꾹 참았던 순간. '그동안 좀 힘들었구나, 나한테도 말하지 않고 그냥 또 다른 나 혼자 몰래 힘들어하고 있었구나'라고 생각했다.

가장 기고만장하고 행복했던 절정의 순간에 하필 이런 생각이 들었을까. 아마 후일 나에게 닥칠 복선을 암시하고 있었는지도 모르겠다.

머릿속에 오만가지 생각이 다 들고 불안이 엄습한 그 당시 계속 머릿속을 맴돈 생각은 '내가 도대체 그동안 무슨 짓을 한 거지?'였다. 어설픈 투자로 인한 경제적 손실에서 시작한 불안이 이제 돈과는 상관없이 주위를 기웃거리면 비교를 하기 시작했다. 투자를 하기 전에도, 투자한 이후에도 비교하는 삶과는 거리가 있었지만 인생 최악 시기, 최악의 방법으로 나를 괴롭히기 시작했다. 생지옥의 다음 단계였다.

내가 그런 형편없는 짓을 하는 동안 나와 같은 시기에 공부한 사람들이 보이기 시작했다. 유례없는 재테크 상승장에서 평생 넘볼 수 없는 수익과 명예를 얻은 사람들이 내 주변에 넘치고 넘쳤다. 누군가는 유명 강사가 되었고, 누군가는 아파트 수십 채를 가지고 있을 정도로 상상할 수 없는 부들을 이루었다.

그중에는 내게 큰 귀감이 되고 존경하던 분도 있었고, 단지 좋은 시기 운 좋게 부를 얻은 그들에 대한 질투심으로 좋게 보이지 않던 분들도 있었다. 하지만 그런 것은 아무 의미가 없었다. 내 주위 잘된 사람들은 그야말로 다 미웠고 보기 싫었다.

남들과 비교 이후 다음 단계는 나에 대한 극도의 혐오감이었다.

비교의 늪에 빠지면 사람이 어느 정도까지 악한 마음을 품을 수 있는지 끝이 안 보였다. 누군가를 미워하고 있는 나를 극도로 증오했다. 이제는 방법이 없었다. 내가 너무 싫었다. 내가 어떻게 이런 생각까지 하고 있는지 용납이 되지 않았다. 내가 아니라고 생각되고, 나를 부정하기 시작했다. 나 같은 존재는 없었으면 좋겠다 싶었다.

경제적 손실에서 시작된 마음은 남과의 비교 단계를 지나자 더는 그들은 보이지 않았고, 흉측하게 변하고 있는 괴물 같은 나의 모습만 남았다. 이제 돈을 잃고 손해 본 것은 이미 내 마음속에 없었다.

내 인생 최고의 고비

잘못된 투자와 점점 더 비뚤어지는 나, 그리고 주위 사람들이 다 싫어지는 그런 지옥은 이생망을 떠올리게 했다.

이생망(이번 생은 망했다).

국내 중증외상센터 전문가 이국종 교수가 어느 순간 이 말을 한 것을 보고 깜짝 놀라고 이해할 수 없었다. 저렇게 인생을 치열하게 열심히 사신 분 입에서 나올 소리가 아닌데….

내가 살아온 삶이 부정되면서 어느 순간 그가 말한 느낌을 완벽하게 이해했다.

남들이 나를 부러워했던 이유는 훌륭하고 치열하게 살진 않았지만 나름 나만의 기준을 지키고 살았기 때문이다. 멋진 인생이라고까지 치켜세울 순 없지만 나에게는 지금 죽어도 여한이 없는 후회 없는 삶을 살았다는 자부심이 있었다.

그런 삶을 살아온 내게 번진 사악한 마음을 발견하면서 이번 생은 망했다는 느낌을 지울 수가 없었다. 예전 선하고 순진한 내가 아닌, 이중적이고 계산적인 모습. 남의 불행을 보고 위로를 받는 나를 보며, 뼈저리게 이번 생은 완전 망했다는 감정이 불쑥 들었다. 난 더이상 예전 순진하고 남을 생각하는 가치 있는 선한 사람이 아니라, 내 주위 고마운 분들마저 보기 싫고 미워하는 악마의 삶을 살고 있었다. 속되어진 나는 다시 순수했던 나로 돌아갈 수 있을까.

　말 그대로 생지옥이 어떤 곳인지 내 몸과 마음으로 뼈저리게 느끼기 시작했다. 발버둥 치면 칠수록 쑤욱쑤욱 더 늪에 깊이 빠져드는 느낌, 도저히 빠져나올 수 없는 끝에서 제발 살려달라고 속으로 외치고 있는 나는 악마에게 판 나의 영혼을 다시 돌려달라고 소리 없이 외치고 있었다. 경험하고 느껴보지 않은 사람은 절대 알 수 없는 늪에 빠진 심정이었다.

> "그런 것은 항상 서서히 퍼져나가는 식으로 다가온다. 이런 상태가 계속되면서 결국 싸움의 대상이 무엇인지조차 모른 채 무작정 참고 기다려야 하는 건 아닌지 그래서 되뇌인다. 됐다, 이제 충분하다. 기운을 내자. 하지만 모든 게 허물어진다면 어떡하지?"
> -故 임세원 교수《죽고 싶은 사람은 없다》(알에이치코리아, 2021) 중에서

　원래 스트레스에 취약했고, 조금의 상처도 지나치게 두려워해서 회피했던 나에게 이 시기는 치명적이었다.
　실제로 일상 중 조그만 상처에도 멘탈이 무너지는 경우가 많았다. 그럴 경우 거의 얼음이 되고 일상적인 생활이 불가능할 정도로 아무것도 하지 못했다. 잠깐의 기고만장 시기에 올라온 자존감에 대한 오버, 그리고 순식간에 무너진 멘탈로 인해 이 시기 더 상처를 안 받기 위한 내 안에서 투쟁은 갈수록 격렬해졌다. 그리고 역설적으로 나는 상상할

수 없을 정도로 처참하게 무너져버렸다.

행여나 내 마음의 상처에 생긴 생채기가 남들에게 보일까 싶어 포장하기 바빴고, 나를 부정하는 순간이 점점 더 많아졌다. 나를 망각하고 싶고 애써 외면했다.

유리멘탈이 그야말로 산산조각 박살이 났다.

멘탈이 무너질 때 생지옥의 한가운데 홀로 서 있는 느낌이다. 도무지 무언가를 할 수 없는 상태, 그 순간은 내가 부자이고 과거에 행복했다는 건 아무 소용이 없다. 어떡하든지 지푸라기라도 잡고 헤어나와야 하는데 그런 지푸라기를 잡을 힘조차 없다.

이런 상태에서 하면 안 되는 극한 생각까지 들기 시작했다.

남이 보면 말도 안 된다고 하겠지만 그런 선택을 했던 사람들에게 공감을 느꼈다. 마음속 멘탈이 무너진 무의식 속에 스물스물 자리 잡고 있었던 것이다.

드라마 〈도깨비〉에 나오는 명대사처럼 '날이 좋아서, 날이 좋지 않아서, 날이 적당해서 딱 죽기 좋은 날들의 연속'이었다. 당장 내일 죽어도 이상할 게 없다고 생각했다.

어느 날 새벽, 사무실에 출근한 후 기분 전환 겸 근처 광진교를 산책하다가 강물이 나를 부르며 빨아들일 듯한 느낌에 흠칫 놀랐다. 그런 나쁜 생각을 정말 실행할 수도 있겠구나. 다리 옆에는 자살 방지 긴급 예방 전화가 놓여 있다는 건 그날 알았다. 나만 그런 생각을 갖고 있는 게 아니라는 묘한 안도감, 그리고 웃프게도 뛰어내려도 죽을 것 같진 않았다. 수영해서 그냥 나올 수 있을 것 같아 피식 웃고 발길을 돌린 그날 새벽 기억이 아직도 생생하다.

생지옥의 늪에서 탈출하기 위해 아무것도 하지 않은 것은 아니다.

나름대로 발악을 하며 몸부림쳤다. 일상으로 복귀하기 위해 책도 읽고, 많이 걷고, 글도 쓰고, 그림도 배우러 다녔다. 이상하게 들리겠지만 그 와중에 말 그대로 살기 위해 한달살기도 떠났다. 불안에 먹이를 주지 않기 위해서 뭐든지 해야 했다. 일상으로 복귀하는 것이 나의 가장 큰 도전이었다.

예전부터 정신과와 우울증 약에 대한 편견 때문에 몇 번 주위의 권고에도 병원만은 악착같이 가지 않았다. 하지만 그날 극한 경험을 하고 나서 더 이상 고집을 피울 수는 없었다. 의지든 약이든 어떡하든 이 순간, 이 상태를 벗어나야 했다.

'Es muss sein(틀림없이), 그래야만 한다.'《참을 수 없는 존재의 가벼움》에 나오는 주인공 프란츠의 말처럼. 일상으로 돌아가기 위해, 잃어버린 나를 찾기 위해 거의 발악이라도 해야 했다. 그래야만 했다.

우울증의 시작: 불안

자영업과 투자자의 이중생활을 시작하고 한참 좋았던 시기, 40대의 불안은 나와는 다른 세계인 줄 알았다. 난 안 그럴 줄 알았다. 남들과 많이 다르고 특별하다고 생각했다. 정신적인 우월감에서 나온 경제적 자유도 남들과는 달리 어렵지 않게 누릴 수 있을 거라고 믿었다. 하지만 비교하는 삶에 빠져 나를 잃어버린 지금, 남과 다르지만 남과 다르지 않다는 것을 인정해야 했다.

나를 버리고 남과 비교하기 시작하면 그 한계가 없다는 것을 알았다. 옆을 기웃거리기 시작하면 한이 없다는 것을, 이런 게 지옥이고 이 생망이라는 것을 비싼 대가를 치르고야 깨달았다.

'지금은 그저 무뎌지고 버텨야 한다. 이유를 묻지 말고 그냥 버티는 힘을 길러야 한다. 이 시기를 무사히 헤쳐나가야 한다.'

생지옥의 늪에서 결국 난 그토록 피했던 병원 신세까지 질 수밖에 없었다. 두손 두발 다 들고 찾아간 정신과에서도 내 거부감으로 인해 효과는 그리 크지 않았다.

안타깝고 아이러니하게도 내 가슴에 또 한 번의 깨달음을 일으킨 사건이 일어났다. 짧은 기간이었지만 나를 돌봐주었던 정신과 의사 선생님이 대낮 진료실에서 조울증을 겪던 환자에게 흉기를 맞고 어처구니없이 세상을 떠났다. 한 해 마지막 날에 발생했던, 언론에서도 대서특

필되었던 사건이다. 강북 삼성병원 정신건강의학과 임세원 교수, 본인이 직접 우울증을 겪고 쓴 책《죽고 싶은 사람은 없다》를 보고 선택한 의사 선생님이다.

처음 언론에서 그 사건을 접하고 멍해졌다. 나의 우울증을 치료하기 위해 내가 다른 선택을 하지 않기 위해 애쓰던 분이 이렇게 어이없이 곁에서 사라질 수 있구나. 사람의 인생, 한순간에 어떻게 될지 모른다는 생각이 들었다. 내일의 일, 다음 순간, 우리는 무슨 일이 일어날지 한 치 앞도 모르는 미약한 존재였다는 것을 깨달았다.

예상치 못한 순간에 생과 작별을 고할 수 있다는 생각에 다시 한번 인생을 성찰할 수 있는 기회를 주었다. 두려움, 불안을 이겨내는 것은 어찌 보면 평범한 진리인 현재와 순간에 집중하라는 메시지를 선물로 주고 가신 임세원 교수님의 영면을 이 자리를 빌려 다시 한번 바란다.

우울증은 겪어보지 않은 사람들은 상상할 수 없을 정도로 세심한 주의가 필요하다. 우울증이 무서운 것은 바닥을 쳤다고 생각했는데 어느새 스물스물 퍼져 들어와 한순간에 무너지게 만드는 순간들이 다시 생기기 때문이다. 딱히 어떤 일도 없는데 어느새 옆에 다가와 있다. 내 마음속에 조그만 불안감이라는 먹이를 주면 어느새 다가와 있다. 이때 마음을 다잡고 눈을 부릅뜨고 버텨내야 한다. 무뎌져야 한다. 주위에 도움을 구해야 한다.

마음의 감기라고 불리듯 누구에게나 어느 정도 증세가 있을 수 있지만 문제는 높은 치사율에 있다. 마음의 병이 있다고 부끄러워하지도 말자. 자존심도 필요 없다. 도움 청할 곳이 있으면 도움을 청해야 한다. 당신은 피해갈 거라고 생각하지 말자. 우울증은 언젠가 당신의 감정 상태가 될 수도 있다.

우울증 그리고 인생에 몇 번은 부닥칠 슬럼프 때 쓰러지면 안 된다. 열심히 살았다는 증거이다. 누구에게나 온다. 그러니 너무 힘들어하지 말고 열심히 산 자에게 주는 훈장이라고 생각하자. 때로는 비교되면서 극복하는 훈련, 마음 체력을 향상하는 훈련은 이르면 이를수록 좋다.

인생에 있어 한 번쯤은 올 고비, 40대 중반을 넘어 겪은 삶의 향신료 우울증은 필연이자, 인생을 성숙하게 만드는 선물이라고 생각하자.

몇 년간의 우울증으로 나의 삶은 많은 것이 변했다.

투자에는
마음 체력이 필요하다

4장

초보가 왕초보에게 제안하는 투자 매뉴얼

"험한 언덕을 오르기 위해
처음에는 천천히 걷는 것이 필요하다."
– 셰익스피어

투자의 기본

앞에서 언급했지만 투자 초기, 운 좋게 '월급쟁이 부자들'이란 카페에서 칼럼을 쓸 기회가 있었다. 그때 쓴 첫 칼럼 제목은 아직도 내 머릿속에 선명하게 박혀 있다.

"중수 이상 출입금지 칼럼"

초보가 왕보초에게 가르치는 수요는 늘 있다(자청, 《역행자》, 웅진지식하우스). 아마 그때 이런 심정으로 칼럼을 썼던 것 같다. 거친 투자 세계에 입문한 왕초보들에게 그래도 초보 티 갓 벗어난 내가 쓰면 더 설득력 있고 공감하지 않을까 생각했다. 예상보다 많은 분이 호응하고 공감해주어 놀랐다. 그만큼 우리 주위에는 90% 보통의 삶에서 벗어나 치열한 삶을 담보로 더 여유로운 10%를 꿈꾸며 투자 세계를 노크하는 왕초보들이 많다.

초보가 왕초보에게 하는 조언이기 때문에 실질적인 어떤 도움이 될지는 모르겠다. 인생에도, 투자에도 정답은 없다.

《미움 받을 용기》(기시미 이치로, 고가 후미타케 공저)에는 '타인의 과제와 자기의 과제를 분리하라'는 말이 나온다. 이 말처럼 조언을 하는 것이 나의 역할이고, 그것을 해석하는 것은 읽는 사람의 과제다.

처음 시작할 때 너무 거창한 목표를 세우고 이미 선진입한 투자자와 비교하고, 조급증에 빠져 자신을 몰아붙여 초반에 지쳐버리는 왕초보 투자자를 많이 보았다.

인생도 그렇지만 투자도 100m 달리기가 아니고 마라톤과 같다는 진부한 얘기를 어쩔 수 없이 하게 된다. 한 번에 모든 것을 걸어야 하는 단거리 경주가 아니다. 자기만의 페이스를 조절하여 완주해야 하는 마라톤 승부이다.

42.195km를 꾸준한 페이스를 유지하면서 달린다는 것은 쉬운 일이 아니다. 초반에 기운이 팔팔 솟고 앞의 선수를 추월해 달리고 싶을 때도 생긴다. 그러다 지치면 내가 무슨 영광을 누리겠나 싶어 포기하고 싶은 마음이 굴뚝 같아진다. 그런 우여곡절 끝에 완주하는 사람들은 생각보다 얼마 되지 않는다. 완주하는 사람들 중 순위나 기록에 큰 의미를 두는 분도 당연히 있지만, 대부분은 기록에 크게 연연하지 않는다(물론 마라톤 선수들이 참여하는 프로페셔널 대회를 말하는 건 아니고 마라톤 동호회들이 참여하는 아마추어 마라톤 대회를 말한다). 선수가 아닌 이상 순위나 기록보다는 완주하는 것 자체가 의미 있고, 매번 발전해나가는

모습을 확인하면서 꾸준히 뛸 수 있다는 것 자체가 건강과 자아 성장에 큰 도움이 되기 때문이다.

투자 또한 재산을 모아 순위를 매기는 경주가 아니다. 우리는 반드시 몇십억, 몇백억 원을 모아야 하는 목표를 갖고 뛰는 선수도 아니다. 단지 조금 더 풍요롭고 자유롭게 인생을 누리기 위해 90%에서 벗어나고 싶은 욕망을 갖고 있을 뿐이다(슈퍼 리치를 꿈꾸는 분은 이 책을 당장 덮기 바란다). 크게 보면 완주를 시도했다는 것이 시도조차 하지 않았던 대부분의 90%보다는 의미가 있으며, 웬만하면 평균 이상의 성과를 올린다.

투자를 막 시작하고 공부하는 사람들이 가장 놀라는 것 중 하나

시작하고 보니 주위 모든 사람이 너무 열심히 공부하고 투자에 대한 지식이 상상 이상으로 해박하여 모두가 전문가처럼 보인다. 무엇보다 모든 일상이 투자와 연결된 사고에 주눅도 든다. 내가 지금까지 산 곳과는 완전히 다른 신세계에 온 듯싶다.

투자 초기 시절에는 간절하고 자발적으로 온 사람들이기에 비슷한 사고와 관심을 공유한다. 어느 순간 비슷한 투자 마인드, 가치관을 공감하게 되면서 주위 대부분 사람이 다 그런 것 아닌가 착각하는 순간이 온다.

하지만 다시 일상에 복귀하면 알게 된다. 가족이나 친구들 흔히 말하는 진짜 보통 사람들을 만나면 생각보다 돈, 투자 이런 것들에 관심이 없다. 조금만 과한 관심을 밝히면 돈에 환장한 사람 취급받고 어색한 사이가 되는 경험들도 겪게 된다. 본능적인 소비 욕구나 막연한 돈 욕심만 가지고 있을 뿐이다. 돈에 관련된 피상적인 뉴스나 이야깃거리에 하루 감정이 좌지우지되고 그저 부러워할 뿐이다.

부동산을 예로 들면 재건축 투자로 몇억이 뛰었다, 이번에 산 집이 두 배로 올랐다는 풍문에 속이 상하지만, 놀랍게도 성인 중 등기부등본이 뭔지 모르거나 기재되어 있는 내용이 무슨 의미인지 모르는 사람이 과반수가 넘는다. 어느 바이오 주식이 열 배 폭등하고 가상화폐로 하루 사이에 몇억을 벌었다는 말을 듣지만 기업 제무재표를 어떻게 보고 해석해야 하며 현재 기준금리가 얼마인지 모르는 사람이 부지기수인 것도 현실이다.

나 또한 불과 10년 전, 40이 가까운 나이에 재테크, 부동산 분야에 관심을 갖기 전 등기부등본은 부동산에서 설명하는 대로 안전하다, 관례라고 하는 말에 아무 생각 없이 보고 도장 찍고 계약을 했다.

투자라는 신세계에 관심을 갖고 들어온 당신은 이미 투자 개념에서는 상위 10%이다. 충분히 뿌듯해하고 자신감을 가져도 된다. 물론 10% 마라톤 참가자 중 완주를 하는 비율은 거기서 또 10%, 즉 1% 정도가 된다. 솔직히 그 1%는 투자뿐만 아니라 어떤 분야, 어떤 곳에 일하더라도 성공할 확률이 높은 사람들이다. 이런 분들을 우리는 흔히 내공이 깊은 고수라고 칭송한다. 하지만 모든 사람이 다 고수가 될 수는 없는 것도 사실이다.

그렇기에 그런 분들에 대해 많은 존경심을 갖고 있긴 하지만 부럽지는 않다. 여러 가지 이유가 있겠지만 그런 분들의 노력을 100% 따라 하는 것은 불가능하다. 노력의 문제를 떠나 자신의 스타일과 가치도 무시할 수 없다. 또한 타고난 능력이 존재하기도 한다. 가령 내가 4~5년 죽어라고 공을 차는 연습을 한다고 손흥민처럼 될 확률은 0%에 가깝다.

《미움 받을 용기》에서 '자기 수용'과 '자기 긍정'이라는 용어가 나온다. 대부분의 사람이 자기의 능력과는 상관없이 언젠가는 이루어진다는 희망을 갖는 것이 자기 긍정이다. 보통 자기계발서나 재테크 분야에서 긍정적 태도, 습관을 많이 강조하면서 나오는 말이다. 사실 이 단어는 자기합리화를 희망한 것에 다르지 않다.

자기 능력을 70%라고 가정할 때 자기 긍정은 자기 능력이 100%라고 생각하는 것이다. 자기 수용은 자기 능력이 70%임을 인정하고 조금 더 발전하고자 노력하는 마음가짐이라는 차이가 있다.

세계 어느 분야든 1% 안에 드는 사람들이 있다. 그런 사람들로 인해 세상이 혁신적으로 바뀌고 진보하고 발전한다. 그런 사람들은 그들만의 역할과 영역이 따로 있다. 그럼에도 불구하고 그런 사람들과 비교하면서 자꾸 힘들어하는 사람들이 있다. 투자의 세계에도 자꾸 그런 사람과 비교를 하며 자기를 괴롭히는 사람들을 많이 봤다. 당연히 지칠 수밖에 없다. 그리고 떠나면 안 되는 이 세계를 떠난다.

우리는 초보, 하수임을 당당히 인정하고 그 관점에서 단계적으로 나아가야 한다. 그런 고수들의 강연이나 책들에서 나오는 성과물에 너무 연연해하지 말자. 그들이 그런 내공을 갖기까지 어떻게 이루었나에 대한 과정을 보고 차근차근 자신에게 맞는 방법을 하나하나 맞추어나가면 된다.

나 또한 초보 시절, 관심을 갖는 차원에서 많은 강의를 듣고 세미나에 참석하고 책들을 읽었다. 어느 분야에서든 일가견을 이룬 사람에게는 배울 점이 많다. 듣다 보면 간간히 나오는 찍어주기식 스킬에 솔깃하기도 했다. 많은 사람이 그 바람에 휩쓸려서 어떤 분들은 운으로 좋은 결과를 얻기도 하고, 때론 힘들어하는 분도 있었다.

하지만 모든 것에 공짜는 없다. 당연히 투자 세계에서도 마찬가지이다.

결과 성패에 상관없이 자기 기준이 없었기에 좋은 결과를 얻어도 불안하고, 결과가 좋지 않으면 남 탓을 하고 이 세계에 대한 회의감과 함께 조용히 사라지는 경우도 많이 보았다.

자본주의 시스템에서 투자는 이제 선택이 아니라 필수이다. 그런데 초보 때 한두 번의 실수와 실패로 투자 세계를 평생 떠나는 그들을 보며 너무나 안타까웠다.

잘하는 것도 중요하지만 오랫동안 버티는 것이 더 중요한 곳이 투자 세계이다. 실제 지금도 활약하고 있는 숨은 고수들은 시장의 등락을 고스란히 겪으며 오랜 시간을 버틴 사람들이다. 새로 공부를 시작하는 초보 시절일수록 오랫동안 살아남기 위해서는 역설적으로 돈 버는 방법론보다 처음부터 기초와 기본을 충실하게 가꿔나가야 하는 이유이다. 초보 시절이야말로 기본을 쌓을 수 있는 가장 적당한 시기이기 때문에 너무나 중요한 시기이다.

뻔하고 당연한 얘기이지만 매우 중요한 부분이기에 반복해서 강조한다. 기본이라는 것은 특별한 것도 없고 지루하다. 시간도 많이 걸리고 힘든 시기를 견뎌야 한다. 하지만 기본이라는 체력을 쌓고 체질을 개선하면 시간은 오래 걸리지만 그 이후 쌓이는 속도는 마치 눈덩이와 같다. 투자에서 말하는 복리도 사실 기본을 쌓는 원리와 다르지 않다.

30~40대 처음 투자 공부를 시작하는 분께 단연코 기본에 충실하고 지치지 말라고 조언하고 싶다. 그래야 떠나면 안 되는 투자 세계에서 오래 버틸 수 있다. 이 글을 쓰는 나 또한 아직도 기초가 덜 쌓인 어설픈 투자자의 상태임을 고백하면 조금 위로가 되지 않을까?

초보는
시간을 투자하는 기간

지치기 않기 위해서는 기본에 충실해야 하고 그러기 위해서 자기만의 기준을 정립하고 그에 따른 목표 설정이 중요하다.

- 자기만의 확고한 투자 기준을 만들어야 한다.
- 자기만의 뚜렷하고 선명한 목표를 갖는다.

목표는 구체적이고 명확한 숫자나 혹은 자신의 미래 위시리스트_{wish}

목표는 구체적이고 명확한 숫자나 혹은 자신의 미래 위시리스트wish list로 삼은 이미지로 시각화하는 것이 좋다. 목표가 두리뭉실하면 과정도 두리뭉실할 수밖에 없다.

목표를 구체화하려면 최종 목표에서 역순(장기 → 중기 → 단기 → 초단기)으로 세부적인 목표를 설정한다. 예를 들면 3년 이내 현금흐름 월 500만 원 이상 혹은 3년간 시세차익형 아파트 10채 투자가 목표일 수도 있다. 3년간 월세 수익 500만 원이 목표일 경우, 연간 소형 아파트나 수익형 오피스텔 투자 2건 이상을 목표로 세운다. 이런 가시적인 목표를 달성하기 위한 방법론을 고민한다.

3년간 수익형 소형 주택 매수를 생각하고 최초 1년 목표는 급매나 경매를 통해 월세 100만 원의 수익을 설정한다. 그러기 위해서는 약 3~4채 빌라나 소형 아파트를 매수해야 한다.

이런 1년 목표가 설정되면 최소 2~3달에 한 건씩은 매수해야 한다. 자금 사정이 조금 넉넉하거나 스타일이 다르면 상가나 지식산업센터 등으로 관심을 돌려 1년에 1~2채를 구입할 수도 있다. 그렇게 하기 위해서는 조금이라도 싸게 취득할 수 있는 경매라는 수단을 배워야 할 수도 있다. 경매를 하게 되면 낙찰 한 번을 위해서 대략 몇 번의 입찰을 할지도 고려해야 한다. 급매로 사기 위해서 무엇을 조사해야 하고, 어떤 부동산에 어떻게 연락을 취할지 구체적인 계획Action Plan이 필요하다.

즉 구체적인 목표를 세워 거꾸로 거슬러 올라가다 보면 이번 달, 이번 주, 오늘 내가 해야 할 일이 무엇인지에 대한 세부적인 계획을 세울 수 있다. 책이나 강의를 통한 지식 습득 과정, 그리고 오프라인 모임에서 각 상황에 맞는 인맥 형성, 여러 가지 환경을 고려한 투자 스타일, 가치관 등이 반영된다. 자연스럽게 목표에 따른 방법론을 찾고 자기만의 기준이 조금씩 정립된다. 3년 내 시세차익형 아파트 10채 목표 혹은 5년 뒤 가족과 세계여행을 목표로 하는 것도 방법은 같다.

자기만의 투자 기준, 목표 설정은 새로울 것도 없는 기본 중 기본이다. 투자서뿐 아니라 자기계발서에서도 강조하고 모든 고수나 전문가도 강조하는 내용이다. 그럼에도 또 한 번 강조하는 것은 그만큼 중요하기 때문이다.

하지만 투자 초보 시절, 확고한 자기만의 기준을 세우는 것은 말처럼 쉽지 않다. 아는 것은 미천한데 그럴 듯하게 들리는 말들은 주위에 넘쳐난다. 무엇보다 초보 특유의 조급함으로 꾸준하게 무언가를 하기에는 내공이 부족하다. 경험 자체가 올바른 기준을 세우기에는 턱없이 부족하기도 하다. 자기만의 기준을 정립하려면 지식과 경험 두 가지가 본질인데, 그것이 부족하다 보니 자신만의 기준을 명확하게 세우는 것이 어렵다.

투자 원칙은 지식과 경험을 쌓아가면서 조금씩 업데이트한다. 나 또한 아직도 계속 계획들을 수정하고 업데이트하고 있다. 어설픈 투자, 초보를 벗어나지 못한 까닭이다. 초보는 단지 공부하고 실행한 기간만을 의미하지 않는다. 초보 시절은 그렇게 시간을 투자해야 하는 시기이다.

또 하나, 잊지 말아야 하는 중요한 사실이 있다.

우리가 본말이 전도되지 않도록 "왜 투자를 하는가"에 대한 질문에 답을 할 수 있어야 한다. 과연 "기본에 충실하고 지치지 않기 위해 세운 목표가 도대체 무엇을 위한 것인가?"를 계속 점검하고 생각해야 한다.

가수 신해철은 한 인터뷰에서 "꿈은 이뤄내는 것이 전부라고 생각하지만 꿈을 이루는 과정에서 잃어버려서는 안 되는 것이 있고, 그 꿈이 행복과 직결되는 것은 아니다"라고 말했다.

자기계발서에 강조하는 목표 설정의 중요성, 이것을 무시하고 싶은 생각은 추호도 없다. 프로세스로써, 시스템 안에서 목표는 아주 중요한 역할을 한다. 우리에게는 목표를 이루면 모든 것이 다 해결되고 행복해진다는 믿음이 있다. 목표를 이루지 못하면 불행하고, 불행하지 않기 위해 끊임없이 다그쳤다.

오로지 목표만을 보고 매진할 때 빠지는 함정, 과정을 즐기지 못하고 목표(꿈)를 달성한 후 뒤따르는 허탈감으로 슬럼프에 빠져 방황하는 인생도 많이 목격했다. "그다음은? 다음은 뭐지?" 허탈하고 공허한 감정은 목표에 대한 맹목적인 집착, 욕심이 낳은 결과일 수 있다.

끊임없는 목표 설정에 대해 의심을 가져라. 우리가 목표에서 목표하는 것이 무엇을 위한 것인지, 즉 핵심과 본질에 대해 항상 사유해야 한다. 성공이 목표가 아니듯 우리는 목표 자체 숫자나 달성에 너무 많은 부분을 할애하고 있다. 목표를 세우지 말라는 말이 아니다. 목표는 욕심 그 이상의 심오한 자기만의 철학을 내포하고 있지 않으면 달성하고 난 후에도 후유증에 시달리기 쉽다. 목표 달성 뒤 허무함, 상실감은 욕심이라는 모습으로 우리에게 주는 경고이다.

목표와 계획을 구체적으로 세우되 결과에는 너무 집착하지 말자. 세운 목표가 때로는 달성되지 않을 수도 있다. 그것이 인생이다. 목표를 달성하지 못한다고 실패한 것이 아니며, 더욱이 인생이 끝나는 것도 아니다.

닥치고 관심

투자 세계에 입문하고 꾸준하게 여러 분야에 관심을 갖다 보면 어느 순간 막연함에서 조금씩 벗어날 수 있다. 관심을 가지면서 예전과 다른 시각이 생기기 시작하는 순간이 온다. 초보 때는 다양한 분야에 대한 기본적인 관심을 가지는 것이 중요하다. 어떤 스킬이나 심오한 지식은 사실 목적이 아니며 수단이기에 자기와 직접적인 관련이 없는 분야라고 해도 언젠가 다른 면에서 도움이 되는 경우가 분명히 생긴다.

재테크 분야 입문 후 블로그에 글을 쓰게 되면서 예전과 다르게 내 스타일이나 가치관과 다른 다양한 분야에도 관심을 가지려고 노력했다. 내성적인 성격에 아날로그 지향적인 가치관이었는데 여러 모임에 나가면서 성격도 조금은 외향적으로 바뀌었다. 이런 변화로 투자 초기 몇 년간 다양한 모임에 참석할 기회가 생겼다.

와인 전문가인 블로그 이웃 덕분에 고급 와인 시음회에 초대받아 이게 무슨 호사인가 싶은 경험도 했다. 매년 연말 익년 한국의 트렌드를 예측하는 '트렌드코리아 시리즈' 책 패널로도 참가했다. 서울대 소비트렌드분석센터(김난도 교수)에서 주최하는 워크숍과 번개 모임에도 참석했고, 2년간 《트렌드 코리아》(2016, 2017) 책 뒤 집필진으로 이름을 올리는 영광을 얻기도 했다.

경매를 접하면서 내 지인들이 직접적으로 경매를 당해 고민하는 모습도 관심이 있기 전이었다면 아무 의미 없이 스쳐 지나가는, 나와는 상관없는 일이었을 것이다.

아무리 큰 기회여도 내가 관심을 갖기 전까지는 아무 의미 없이 스쳐가는 순간일 뿐이다.

처음 투자 공부를 하는 초보들이 관심을 갖는 방법은 무엇일까? 너무 어렵게 생각할 필요는 없다.

첫째, 관심 분야 기초 서적들을 통해 지식 섭렵한다.
둘째, 관심 가는 강의나 세미나 등 오프모임에 참석한다.
셋째, 관심 가는 아이템들에 대한 조사를 하고 직접 부딪혀 본다.
넷째, 관심 분야 외에도 눈을 돌려본다.
다섯째, 첫째부터 넷째까지 반복하여 습관을 만들고 관심 분야를 하나씩 늘려나간다.

이렇게 지속적으로 관심을 갖다 보면 자기와 스타일이 맞는 분야가 하나둘씩 눈에 보이기 시작한다. 그 세계에 대한 용어들에 익숙해지면 무엇보다 재미가 생기고 하고 싶은 것이 많아진다. 우리가 추구하는 경제적 자유인이 되기 위해서는 단지 돈만 보고 앞으로 달려나가는 것은 한계가 있다.

'닥치고 관심'이라고 하면 막연해하는 분을 위해 쉬운 방법은 알려드렸지만 기본과 같이 역시 뻔한 얘기이다.

앞에서 언급했지만 나 역시 투자 필요성을 느끼고 시작하게 된 계기, 즉 내 투자에 대한 관심의 시작은 책 읽기와 커뮤니티 오프라인 모임을 통해서였다. 거기서 관심 영역이 계속 확장되어 블로그도 하게 되고 소개받은 또 다른 모임을 통해 다양한 사람들을 만나면서 인맥이 형성되었다. 그리고 지식과 경험 토대 위에 사람이 가장 중요한 요소가 되었다. 주위에 많은 사람이 있고 많은 도움을 주고받고 있다면 이미 당신은 초보 단계를 벗어나 있는 것이다.

예를 들어 투자 초보인 나 또한 제주에서 직영건축에 도전한 것은 책을 읽고 싹튼 설익은 관심을 확대한 것이다. 책을 통해 파이프라인(현금흐름)란 개념을 알게 되었고, 관련 커뮤니티를 찾아 나섰고 블로그를 시작했다. 직영건축을 동업으로 하는 것은 엄청난 리스크를 가지고 있었다. 하지만 텐인텐 모임과 경매, 그리고 숙성된 스터디 기간 동안 경험한 판단으로는 '최소한 잃지 않는 투자'라는 나만의 확신이 들었기 때문이다. 이때 필요한 것은 바로 실행력이었다. 관심이 실행력으로 연결되면 그것이 투자이다. 그리고 이것은 지금까지 또 하나의 경험으로 쌓이고 있다.

　동업으로 하는 직영건축은 일반적인 경우라고 말하기는 어렵다. 하지만 분야만 다르지 관심을 갖고 그 관심이 커지고 확장되면서 이뤄지는 실행은 비슷하다. 난이도 차이라기보다는 관심 분야, 스타일 차이일 뿐이다.

　처음 쉽게 대중적인 아파트에 관심을 갖고 투자를 하거나 현금흐름이 더 중요하게 생각된다면 수익형 상가나 지식산업센터에 투자해도 괜찮다. 혹은 다른 여러 가지 재테크 분야인 금융, 주식, 창업에 관심을 가져도 상관없다. 시작한다는 것에 의미가 있다. 처음에 어떤 분야에 관심을 두는 것에서 시작하면 자연스럽게 폭은 확장된다.

　가장 쉬운 듯 보이면서도 의도적으로 노력을 기울이지 않으면 쉽지 않은 것이 무언가에 관심을 갖는 것이다. 책 읽기와 관심 가는 오프모임 참석하기는 빠르게 관심 갖기를 실천하는 가장 쉬운 방법이고 투자의 첫걸음이다.

아이디어를 얻을 수 있는 작은 TIP

닥치고 관심 실천편

박람회 활용법

모터쇼, 창업 박람회, 재테크 박람회, 머니쇼 등 알려진 행사부터 다양하고 이름도 생소한 분야까지 관련 전시, 컨벤션, 이벤트, 박람회가 1년 내내 열린다. 코엑스나 킨텍스 홈페이지에 가면 관련 리스트와 일정표를 다운받을 수 있다. 대개는 무료이나 입장료가 있는 곳도 있지만 사전신청을 하면 무료로 입장 가능하다.

• 서울 코엑스 www.coex.co.kr
• 경기 고양시 킨텍스 www.kintex.com

대형서점 방문

시내 대형서점에 가서 책 구경을 하는 것만으로도 영감을 얻는 데 도움이 된다. 한 달에 한 번 정도 방문해서 최근 베스트셀러나 신간 서적 코너에 가서 쭉 훑어보면 최근 트렌드나 분위기가 파악된다. 무엇보다 책 향기와 책을 좋아하는 사람들의 좋은 기운도 받을 수 있다.

지역 도서관 방문

지자체별로 지속적인 도서관 확충과 시설 개선으로 지역 내 도서관이 쾌적한 문화공간으로 자리 잡고 있는 추세이다. 예전에는 주로 공부를 하는 열람실 위주였다면 최근에는 지역주민에게 정보와 문화를 제공하는 장소로 탈바꿈했다. 종합자료실에 가서 무작정 분야별로 책 구경을 하거나, 정기 간행물실에 가서 전혀 생뚱맞은 잡지들을 보는 것도 책에 대한 편견을 깨고 머리를 유연해지게 하는 데 도움이 된다. 예를 들어 여행잡지, 시사잡지, 어학잡지 외 월간음악, 전원인테리어, 창업시대, 월간오디오, 월간 고시계 등 우리가 모르는 정말 다양하고 생소한 분야 잡지들이 널려 있다. 생각보다 재미도 있고 불쑥 영감과 아이디어, 없던 관심이 샘솟기도 하는 묘한 경험을 할 수 있다.

평일 낮 누리기

직장인이라면 반드시 연차를 내고 평일 낮 거리를 배회해보길 추천한다. 나 역시 직장을 그만두기 전에 평일은 모두 나와 같이 생계를 위해서만 존재하는 날로 알았다. 평일 낮은 우리가 상상하고 있는 세계와 또 다른 세계가 펼쳐진다. 대학로에 가서 관객 없는 연극을 봐도 좋고 미술관에 가는 것도 좋은 방법이다. 야외 테라스가 있는 식당에서 낮술을 마셔도 좋고 카페에서 커피 한잔 음미하며 사람 구경을 하면 머리가 새롭게 리셋되는 묘한 경험을 한다. 뒷부분에서 다시 자세하게 다룬다.

불금 홍대거리 등 다녀보기

지금은 워낙 관광지화돼서 조금 특성이 약화됐지만 금요일 밤 홍대거리를 처음 가본 사람들은 문화적 충격에 빠지던 때가 있었다. 도대체 저렇게 특이하게 하고 다니는 사람들은 낮에는 어디에 있고, 어떤 생활을 하는지 의문이 들 정도로 강렬하다. 생각없이 그 분위기에 흠뻑 빠져보길 추천한다.

풍요로운 인생을 위한 조건: 책읽기와 스터디 모임

그렇다면 투자 공부를 처음 할 때 어떤 책을 읽는 것이 좋을까?

처음 선택하는 책은 어떤 스킬보다는 큰 그림을 그려주는 책들이 좋다. 초보 시절에 기술을 알려주는 책을 먼저 접하다 보면 기본이 안 갖추어진 상태에서 막연히 성공담에 현혹되거나 조급해져 투자의 본질을 왜곡해서 이해할 우려가 있다. 초보 시절에는 관심 분야에 대한 흥미를 불러일으키고, 쉽게 쓰인 여러 기초 책을 두루 섭렵하면 짧은 기간에 관련 용어와 개념에 익숙해진다. 어느 정도 기초 지식이 갖추어진 상태라고 판단되면 다양한 스킬과 사례가 곁들여진 책들을 본다면 천천히 실전 투자를 실행하는 데 도움이 된다.

투자 초기에는 몇 년에 몇억 벌기, 혹은 단기적 성과를 강조하는 자극적 제목의 책보다는 여러 강의나 독서 모임, 각종 관련 카페에서 추천하는 책들 중에서 공통적으로 강조하는 책을 보면 크게 벗어나지는 않는다. 최근 책 제목에 마케팅적 요소가 더욱 강하게 반영되는 추세여서 좋은 책 중에서도 자극적인 제목을 종종 볼 수 있다.

독서법, 즉 책을 읽는 방법도 개인 성향과 스타일에 따라 다르다. 한 번 읽은 책은 다시 안 읽는다는 분도 있고, 속독으로 읽는 경우 줄 단위로 읽는 것이 아니라 문단 단위로 쓱 훑어보는 분도 있다. 꼼꼼하게 메모하면서 글자 하나하나 눌러 자세하게 정독하는 분도 있다. 그 외 필사를 하는 분도 종종 있다. 속독, 정독, 다독 등 여러 가지 방법이 있지만 정답은 없다. 그냥 자신에 맞는 법을 찾고 단지 책과 조금이라도 친해지면 좋다.

처음에 책을 읽게 되면 그 책을 통해 가지에 가지를 치는 신기한 경험을 한다. 처음 부동산 투자에 입문 후 기본 책들을 보면 몇 가지 책들을 추천한다. 예를 들어 《부자 아빠 가난한 아빠》는 빠지지 않는 추천도서 중 하나이다. 책을 읽으면서 책 속에서 언급되는 책들이 궁금해진다. 책을 선정하는 첫 과정이 어렵지 그 이후로는 좋은 책들이 너무 많아 선택하는 것이 어려워지는 순간이 온다. 그 순간이 책을 읽는 즐거움에 빠져드는 인생의 황금기라고 감히 말하고 싶다.

책을 읽고 블로그를 통해서도 좋고 어느 형태로든 정리, 요약, 리뷰를 해놓으면 책을 다시 한번 복기하고 이해하는 데 도움이 된다. 그리고 쓰기 공부도 되는 일석이조 효과가 있다. 단지 책을 읽기만 하는 것은 반만 얻어가는 것이다.

리뷰를 쓴다는 것은 귀찮고 힘든 과정이지만, 자기가 읽은 책을 한 번 더 소화하는 힘을 주고, 책을 읽는 효과를 배가시킨다. 그냥 단순하게 한번 읽고 접한 것과 자기 것으로 만들어 되새김질 과정을 통해 얻는 것은 하늘과 땅 차이다.

책 리뷰를 하면 학창 시절 독후감을 떠올리며 힘들어하는 분이 많다. 나이 40을 넘어서 좋은 것은 숙제검사를 하지 않는다는 것이다. 그저 생각나는 대로 손 가는 대로 편하게 쓰다 보면 어느 순간 글 쓰는 능력도 향상되는 것을 느낄 수 있다. 내 블로그 '와와's 서재'에도 비공개 리뷰까지 포함하면 100편이 넘는 서평들이 있다.

투자 세계에 입문하고 평생 읽지 않던 책을 읽는 것도 힘들어 죽겠는데 거기에 독후감까지 쓰라고 하니…. 처음에 힘들고 어려움을 느끼는 건 너무나 당연하다. 한 줄 요약이라도 일단 쓰는 게 핵심이다. 그것도 어려우면 인상 깊게 읽고 체크했던 부분을 필사하거나 단순 요약만이라도 하는 것을 추천한다. 조금씩 습관이 되다 보면 자기 생각도 조금씩 덧붙이게 되고 표현력도 한층 높아지는 것을 느낀다.

처음 습관이 잡히기 전에 약간 강제성이 필요하기도 하다. 독서 모임이나 스터디는 좋은 방법이다. 시간이 없어서 책을 못 읽는다는 변명을 많이 한다. 시간이 있어서 책을 읽는 것이 아니고 책을 읽기 위해 시간을 내야 한다. 책은 항상 우선순위 최상위에 있어야 한다. 이 부분은 투자에만 해당하는 것이 아니고, 인생을 조금이나마 풍요롭게 살기 위한 조건이기도 하다. 모든 분야에 있어 가장 가성비 높은 투자법이라고 할 수 있다.

이 책 부록에서 어설픈 투자자 영역이 아님에도 불구하고 초보가 왕초보에게 어느 정도 기초 지식과 동기부여, 투자의 영감을 줄 수 있다고 생각하는 책 몇 권을 감히 추천한다. 나 역시 초보 시절 고수들과 카페에서 추천받았고 스터디를 통해 서로 소개받은 책들이 대부분이다. 특히 개인적으로 큰 울림이 있었던, 투자 동기를 부여받고 많은 아이디어를 얻고 실전 투자에 많은 도움이 되었던 책들이다.

책을 통해 기초 지식을 얻었다면 이제는 실전 모드로 돌입

주위에 같이 하고 있는 팀이나 멘토를 활용하는 투자자들이 그리워지는 때이다. 하지만 처음에는 너무 막연하다. 어느 카페나 강의, 스터디에 참여할지 망설여진다. 사실 책과는 달리 카페는 개인 성향과 환경에 큰 영향을 받기 때문에 쉽게 추천하기 어렵다.

최근 재테크, 특히 부동산 관련 카페는 몇몇 카페와 강의를 제외하고 유명 강사 강의는 돌아가면서 진행하고 있어 커뮤니티 차별화를 판단하기가 쉽지 않다. 카페 성격이나 제공되는 정보도 대동소이하다. 관련 단순 정보 검색은 인터넷 검색 이상의 특수성을 찾기 어렵다.

카페를 제대로 이용하기 위해서는 내부 시스템, 즉 카페 내 스터디나 특정 커뮤니티에 들어가서 직접 부딪혀야 한다. 때로는 여기서부터 벌써 경쟁이 시작되기도 한다. 최근에는 인기 카페 스터디는 경쟁이 치열해서 들어가기조차 쉽지 않다.

초기 어려움을 극복하고 관련 모임에 합류했다면 적극적인 참여가 필수이다. 스스로 나서지 않으면 아무도 챙겨주지 않는다. 이런 과정에서 동기가 생기고 자신만의 멘토를 찾을 수 있다. 처음에는 쉽지 않지만 꾸준히 관련 모임을 나가다 보면 언젠가는 겹치고 얼굴들이 익는다. 적극적인 자세와 태도가 중요하다.

최근에는 블로그나 유튜브로 자기 브랜드를 가지고 있는 유명세 있는 강사 원맨(블로그 자기 브랜드화)에 의해 운영되는 카페나 밴드도 많다. 잘 가릴 수 있는 안목이 필요한 시기이다. 관련 커뮤니티에 참여하고 이미 스터디에 가입하여 내부 시스템과 강의를 잘 활용하고 있다면, 당신은 이미 초보가 아닐 가능성이 크다.

3040 초보 투자자를 위한 매뉴얼

이 책에는 기존 부동산 책에서 나오는, 흔히 말하는 지역을 어떻게 선정하고 어떤 종목에 투자해야 하는지에 대한 구체적인 스킬과 매뉴얼을 제시하지는 않는다. 지역과 종목 선정, 수요-공급 분석, 임장 기술 등 실용적인 방법론을 다룬 고수들이나 전문가들이 쓴 초보를 위한 기초 서적들이 많이 있으니 참고하길 바란다.

기본을 지키는 것이 내가 조언하는 유일한 매뉴얼이다.

워런 버핏 투자 원칙을 패러디하여 첫째, 기본에 충실하라Back to the basic. 둘째, 첫째 원칙을 잊지 말아라. 셋째, 둘째 원칙을 잊지 말아라.

첫 투자 공부를 위한 마음가짐으로 이런 기본에 덧붙여 플러스알파가 필요하다.

첫째, 일단 실행하라 Just do it

현대 시대는 잘하는 것보다 일단 하는 것이 중요하다. 실행하지 않으면 어떤 과실도 얻을 수 없다. 《부자의 그릇》에서 조커가 말하듯이 일단 많이 휘둘러야 단 몇 개라도 맞는다. 실패를 두려워하면 안 된다. 책 한 장 읽는 것, 관심을 갖고 모임에 참석하는 것, 두근거리는 가슴 안고 소액을 투자하는 등 첫 발걸음을 내딛는 것으로 모든 것이 시작된다. 관심을 갖고 모임에 참석해야 투자의 모든 것인 사람, 즉 인연이 형성된다. 모든 것은 작은 행동에서 출발한다.

아무 준비 없이 무책임하게 저지르는 것은 지양해야 하지만 최소한의 지식과 경험이 갖추어졌다면 필요한 것은 실행력이다. 모든 것을 완벽하게 준비하고 실행하는 것은 불가능하다. 약간 리스크를 안더라도 작은 것부터 도전해보는 습관이 필요하다. 처음에는 단계를 밟아가면 천천히 한다. 일단 저지르라고 해서 조급증을 갖는 것은 독이다.

실행과 실패가 쌓이면서 기초가 두터워지고 내공이 높아진다. 초보 때는 너무 수익에 연연하지 말자. 초보는 시간을 투자하는 시기라는 것을 잊지 말자.

둘째, 겉모습만 보고 판단하지 말자

우리에게 보이는 모습들은 대개 과장되게 표현되고 왜곡해서 해석할 가능성이 크다. 그것이 사회의 관성이고 인간의 본능이다. 때문에 그 뒤에 숨겨진 의미, 즉 행간을 읽는 능력이 필요하다. 흔히 인사이트, 통찰력이라고 한다. 때로는 모순된 주장 속에 담긴 행간을 읽고 자신의 환경과 상황에 맞게 판단할 수 있는 안목을 길러야 한다. 자기만의 명확한 통찰력을 갖고 있는 사람은 큰 흐름을 시의적절하게 잘 타면서도 시장에 좌고우면하지 않고 행동한다. 그런 분들을 진정한 고수라고 할 수 있다. 부자보다 이런 능력을 갖춘 사람이 제일 부럽다. 어떤 어려운 순간이 와도 그런 통찰력이 있으면 헤쳐 나올 수 있고, 실패해도 다시 우뚝 일어설 수 있기 때문이다.

셋째, 작지만 좋은 습관을 만들자

사소한 것들을 좋은 습관으로 만들고 루틴을 형성하는 것이다. 작은 것이기에 그렇게 어려운 일이 아니다. 하지만 어렵다. 왜 그럴까? 습관을 만드는 것은 스킬을 쌓는 것이 아니다. 일상생활의 태도, 자세, 기본에 관한 것들이다. 단기적으로는 되지 않고 꾸준하게 쌓아야 하는 것

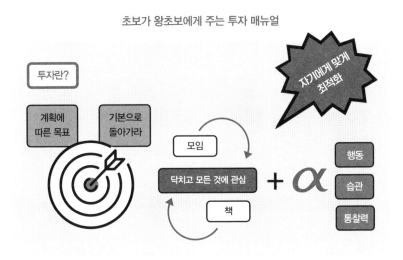

초보가 왕초보에게 주는 투자 매뉴얼

들이다. 태도가 습관을 만들고 습관이 인생을 바꾼다는 어느 고수 얘기처럼 좋은 작은 습관을 몇 개 만들고 자기만의 루틴을 형성하고 있다면 당신은 이미 내공이 높은 인생 고수이다.

투자에서 '만약'이란

역사에서나 투자에서 '만약'이란 것은 지금 아무 의미가 없다. 그럼에도 불구하고 "내가 만약에 그때 ~했더라면"이란 말은 흔히 회자된다. 결국 실행력의 문제이다.

하지만 그때 실행했다고 가정하면 지금 생각처럼 행복하고 성공했을까? 답은 맞을 수도 있고 틀릴 수도 있다. 행간을 읽을 수 있는 능력이란 그때는 맞고 지금은 틀릴 수도 있고, 여기는 맞고 저기는 틀릴 수도 있음을 아는 것이다.

예를 들어보자.

투자 초기 수많은 부동산을 임장했다. 주택, 상가, 토지, 공장 등 가리지 않았다. 그중 거의 투자 직전까지 간 물건도 꽤 있었다. 수도권 아파트들 중 지금 수억씩 오른 단지도 꽤 있다. 사람인지라 마음 꽤나 쓰릴 수밖에 없는 기억도 있다.

쓸데없는 상상을 가끔 해본다.

만약 내가 2008년에 회사 그만두지 않았다면,

만약 내가 2013년에 경매학원에 등록하지 않았다면,

만약 내가 2015년에 남들처럼 아파트 투자를 했다면,

임장 간 곳의 100분의 1만 매수했어도 100억 원대 부자가 되지 않았을까?

하지만 후회하지 않는다. 투자에서 만약은 없다. 그건 능력이 없다는 반증이기

도 하다.

만약 두 눈 감고 딱 실행을 했다고 해도 기본이 갖추어지지 않는 투자였다면 실패할 확률이 더 높았을 것이다. 후유증도 더 클 것이다.

투자 세계에 입문한 후 스터디에 참여하면 보통 1주 1~2일 임장은 보통수준이다. 퇴근 후, 또는 주말에 시간을 쪼개서 가족들 눈치를 보며 다녔는데 얼마나 많은 '만약'이 있겠는가. 이게 다 결과로 나온다면? 중요한 것은 과정 자체는 만약을 허용하지 않고 실행하는 것들에서 성과를 얻는다는 것이다. 실행한다고 좋은 결과만 나오는 것도 아니다. 행간을 잘 읽어야 한다.

부평의 한 아파트를 갭투자 끝물 분위기에 매수했다. 3년 후 가격이 너무 오르지 않아 매도했다. 그리고 거짓말처럼 6개월 후에 거의 두 배 가까이 상승했다. 결국 1~2억 원의 수익을 낼 수 있는 것을 거의 본전에 매도하고 멘탈은 붕괴되었다. 여기서 알 수 있는 것은 만약 기본을 지키지 않고, 능력도 없다면 만약 실행한 것들도 이런 결과를 낳을 가능성이 크다. 왜 그렇게 기본을 강조하는지, 그리고 실행력과 통찰력이 덧붙어야 되는지 이 사례로 감이 잡힐 듯하여 아픈 기억을 들춰 보았다.

투자에는 만약은 없지만, 그 만약이 지금을 보장하진 않는다. 돈을 많이 벌었다고 해도 어떤 고난을 당할지는 아무도 모른다. 욕심에 빠져서 돈에 훨씬 탐닉할 수도 있다. 건강을 잃었을 수도 있다. 많은 돈을 벌었어도 더 많은 욕심을 채우기 위해 한달살기는 못 했을 수도 있다.

'만약'은 생각하지 말고 후회하지도 말자.
자기 기준이 있고 처음부터 기본만 탄탄히 지킨다면 기회는 또 온다.

5장

투자와 인생 – 알면서 알지 못하는 것들

"춤추는 별을 잉태하려면 반드시 스스로의
내면에 혼돈을 지녀야 한다."

– 니체

극한 경험,
대한민국에서 산다는 것

　미국에 사는 교포분이 한국에 잠깐 왔다 겪은 한국 사회에 대해 SNS에 남긴 글이 인상적이어서 요약하고 나의 생각을 더해 정리해 소개해본다.

　겉에서 보이는 한국의 환경과 한국인의 생활 수준은 완벽함 그 자체이다. 전 세계 어느 나라보다 편리하고 쾌적한 삶의 환경 속에 고급스러운 삶을 사는 우리네.

　공중화장실조차 미국에서는 부자들만 쓴다는 비데가 설치되어 있다. 웬만한 주차장에 들어갈 때는 주차 티켓 없이 자동인식으로 들어간다. 고층빌딩 엘리베이터 시스템은 SF 영화 속 미래도시를 보는 듯하다.

　거리는 쾌적하고 깨끗하며 지하철역에는 낙서 하나 없다. 그뿐인가 여름에는 추울 정도로 에어컨이 작동되고, 겨울에는 코트를 벗어야 할 정도로 따뜻하다. 웬만한 곳에서는 초고속 와이파이가 잡히고 버스정

류장이나 지하철역에서는 내가 기다리는 차들에 대한 정보를 수시로 확인할 수 있다. 흔히 우리가 선망하는 선진국인 미국이나 유럽과 비교해도 월등히 쾌적하다. 이건 경험한 사람들은 모두 아는 사실이다. 누구나 얘기한다. 한국처럼 살기 좋은 곳은 없다고.

그러나 아이러니하게도 만나는 사람마다 한국에서 사는 것이 얼마나 힘든지를 토로한다. 너무 힘들다고, 강남에 사는 부자나 웬만한 도시에 사는 중산층은 말할 것도 없고 삶에 찌든 서민들까지. 내가 아는 교수님부터 100억 원대 부자, 평범한 소시민, 무엇보다 놀랍게도 남녀노소, 노인, 중년, 청년 그리고 아이들까지도 너무 힘들다고.

전셋값과 집값이 얼마나 비싼지, 정치가 얼마나 후진지, 아이들 교육시키기 힘들고 애들 키우기는 극한 직업이라고. 아이들은 아이들대로 학교에서 공부하고 친구들을 사귀는 것까지. 만나는 사람마다 자신들이 지옥에 살고 있다고 아우성이다. 자살률 세계 1위라는 불명예스러운 이름으로 그런 사실을 증명한다. 그것도 2위와는 압도적인 차이로.

돈이 없다고 하면서 부동산이나 주식투자 안 하는 사람 거의 없다.

외제 차 한 대 안 가진 집 거의 없고, 아이들 스포츠나 과외 안 시키는 사람이 드물다.

무엇보다 의료 시스템과 의료보험. 의료보험은 10배 싸고 치료비는

10배는 비싼 미국에 비하면 아프면 저렴한 가격에 편하게 병원에 갈 수 있는 지구상에 몇 안 되는 나라 중 한 곳이다.

외국에 나가 보면 겁나서 아플 수가 없다. 감기에 걸려 병원에 가면 처방전 하나에 100달러가 우습게 나간다. 예전 외국 대형마트에 가서 가장 이해되지 않았던 것 중 하나가 가장 넓은 매대를 차지하고 있는 의약품이었다. 다 이유가 있었구나. 아프더라도 각자도생하며 자기가 알아서 처방해서 약을 사 먹을 수밖에 없는 나라들이 대부분이다.

밖에 나가 외식 한번 하는 것은 어떤가.

10달러짜리 밥을 먹어도 세금이나 팁도 없는 늘 25% 할인받는 것처럼 느껴지는 이곳에 사는 모든 사람이 지옥 같은 삶이라고 느끼고 있다는 것이 신기하다. 줄어드는 일자리에 대한 말을 많이 듣지만 실제로 미국에서 해고당하는 사람은 한국보다 훨씬 많다.

우리는 왜 이렇게 누리면서도 여유가 없을까. 아니, 욕심이 많은 걸까. 이게 탐욕일까. 그렇게 치부하기에는 너무 힘든 것은 사실이다. 무엇이 진실일까. 우리는 언제쯤 주위를 둘러볼 수 있는 진짜 부자의 여유를 가질까.

그동안 내가 겪었던 경험과 생각들을 너무나 구체적으로 표현해서 깜짝 놀랐다. 부정할 수 없는 사실들이라 쓸쓸하면서도 깊이 공감되었다. 한국처럼 미스터리한 나라도 없다. 돌아다니다 보면 우리나라처럼 잘되어 있는 나라도 없는데, 어쨌든 참 살기 힘든 나라다.

보이는 삶과 실제로 누리고 느끼는 삶의 괴리

전 세계에서 한국 사람만 유난히 욕심이 많은 걸까. 한국 사람들은 기대 수준이 너무 높고 목표도 너무 크다. 반은 맞고 반은 틀린 것 같다. 한국만의 특수성도 맞고, 인류 보편적 특성도 무시할 수 없다. 그리고 지금 우리는 한국에 살고 있다.

우리는 왜 투자를 하는가? 그냥 월급쟁이로 적당히 버는 수준에서 만족하며 노후를 걱정하지 않고 살 수는 없을까? 불행히도 대답은 NO 이다. 우리는 살기 쾌적하지만 모두가 살기 힘들어하는 자본주의 최전선 한국에서 살고 있다. 궁극적으로 추구하는 자유, 아니 삶을 위해 밥 벌이의 소중함을 인정해야 하는 현실이다.

그래서 우리는 너도나도 투자의 세계에 입문한다. 하지만 투자가 그리 만만치는 않다는 걸 금세 알게 된다. 행복하기 위해 투자하면서 퇴근 후나 주말, 시간을 쪼개면서 투자하지만 시간은 부족하고 역설적으로 삶의 질이 더 떨어지고 있다. 20대, 30대, 40대 모두 나름대로 고통을 호소한다.

일상을 잃어가고 있다. 자본주의, 투자에 종속되는 노예의 삶으로 전락하고 있다. 투자는 단지 질 높은 삶을 위한 수단일 뿐, 목적이 되어서는 안 된다. 투자자의 길로 접어든 후 알게 된 주객이 전도된 삶, 불편한 진실이다.

세상 살기
마음먹기에 달렸다

우리 마음 내부 우리가 모르는 또 다른 내가 존재한다. 유리멘탈인 내가 살아보면서 가장 크게 느낀 것은 멘탈 관리만 잘할 수 있다면 인생 무적, 최고수라는 생각이 강하게 들었다. 특히 투자를 시작하고 생긴 우울증 이후 돈과 사람, 관계는 결국 모두 마음과 관련이 되어 있다는 걸 알았다. 세상 살기 마음먹기에 달려 있다는 말은 변하지 않는 진리이다.

내 마음만 잘 관리할 수 있다면 어떤 어려움도 극복할 수 있고 세상 사는 데 어떤 문제도 없다. 심지어 세상도 바꿀 수 있다. 최근 베스트셀러 상위를 힐링, 자기 위안, 심리 치유 에세이 등 이런 부류의 책들이 자리를 지키고 있는 것에는 다 이유가 있다.

마음 수련을 한다는 것은 무엇일까. 멘탈 관리란 무엇일까?

마음속에 대체 무엇이 있길래 우리를 들었다 놨다 그렇게 힘들게 하고, 때로는 설레고 벅차게 하는 걸까?

우리 인간에게는 기본적인 본능이 있다. 그 기본적인 본성 중 삶의 질을 크게 좌우하는 것이 **욕심과 욕망**이다. 때론 적절히 활용하고 적당한 수준에서 절제할 수 있다면 삶은 더욱 풍요로워질 수도 있다. 대개의 경우 욕심이 가지는 성격상 가슴 속 불끈 솟아오르는 그 욕심을 억제하지 못하고 남용한다. 때로는 목표, 성취라는 이름으로 우리를 현혹한다. 욕심은 통제가 없으면 무한 확장되어 점점 더 탐욕스러워지고 어느덧 통제할 수 없는 상태로 빠져든다. 자신도 모르게…. 그 결과 주인의 삶을 피폐하게 만들고, 벗어날 수 없는 생지옥으로 만들기도 한다.

우리 인간이 개체를 유지하면서 긴 시간 동안 종족을 보존할 수 있었던 것은 뇌를 통한 몸과 정신의 균형이다. 자연과학적으로는 항상성, 자기 회복성이라고 하고 조금 고차원적이고 인문 철학적으로 표현하면 **균형과 중용**이다.

우리 마음에 욕심과 욕망이라는 감정적 부분이 크게 자리 잡고 있고 그것이 자기 영역을 넘어들지 못하게 하기 위해 균형과 중용이라는 이성적 부분이 상충하여(견제하여) 존재한다.

이것이 우리 멘탈에 관한 모든 것이다. 조금 과장해서 우리 인생 최고 내공은 막대한 부도, 튼튼한 건강도 아닌 마음에 관한 문제, **마음관리**이다.

당장 돈이 없더라도, 수십 번의 실패를 거듭하더라도, 건강이 무너져 일상생활 영위가 힘들 때라도, 때로는 가장 친한 친구가 힘들 때 등을 돌리더라도 멘탈만 관리할 수 있다면 당신은 인생 무적이다. 어느 순간에도 행복할 수 있는 능력을 가질 수 있는 인생 최고수로, 굳이 경제적인 자유를 추구할 필요도 없다.

'적당히',
절제의 기술

인간의 욕심은 끝이 없다. 이건 본능에 관한 문제이기 때문에 논란의 여지가 없다. 그렇다면 욕망은? 일상에서 욕심, 욕망은 구분 없이 혼재되어 사용되고 있다. 어떤 차이가 있을까?

욕심은 분수에 넘치게 무엇을 탐내거나 누리고자 하는 마음.
욕망은 부족을 느껴 무엇을 가지거나 누리고자 탐함, 또는 그런 마음이다.
탐욕은 과한 욕심을 뜻한다. 더한 욕심으로 보면 무리가 없다.
- 네이버 국어사전 中

동일한 욕심 욕慾에는 결국 마음 심心이 들어가 있는, 마음의 분야이다. 욕심은 결국 순리에서 벗어나 흘러넘침을 뜻한다. 흘러넘치는 것은 결국 우리의 것이 아니다. 그에 반해 욕망은 결핍에서 나온 욕구이므로 때론 적당하게 추구되어야 한다. 부족한 것을 채워야 하는 부분이다.

과유불급過猶不及, 넘치는 것은 부족한 것과 다르지 않다. 과유불급은 욕심과 욕망 그 경계선에서 우리가 추구해야 할 마음의 임계치이다. 부에 대한 기준뿐만 아니라 마음에 대한 기준도 다를 바가 없다.

물론 각자마다 분수의 기준이 다르고 결핍의 기준이 다르다.

욕심은 어느 정도 절제해야 하지만 인생을 풍요롭게 누리기 위해서는 어느 정도 욕망은 추구해야 한다. '어느 정도'란 말은 '적당히'란 말과도 통한다. 여기서 '적당히'는 우리가 생각하는 부정적인 의미의 '대충'이 아니다. 긍정적인 의미로 오히려 중용에 가깝다.

우리 사회는 일하는 것은 물론 때론 노는 것까지 '놀고 죽자'라는 식으로 끝을 보는 사회적 분위기가 형성되어 있다. 이런 환경에서 욕심이 없는 사람은 때로는 의지박약자나 사회 부적응자로 취급된다.

하지만 '적당히'는 우리 인생에 꼭 필요한 절제의 기술이다. 철학적으로 '균형'과 '중용'의 의미로도 이해될 수 있다. 적당히 산다고 당신을 자책할 필요가 없다. 사회가 만들어놓은 또 하나의 프레임일 뿐이다. 어쩌면 '적당히'가 사라진 사회가 보이는 모습이 그렇게 쾌적하고 살기 좋은 곳임에도 너도나도 살기 힘들다고 아우성치는 현재 한국 사회의 결과가 아닐까.

임계치 선에서 차지 않게, 넘나드는 선을 지키는 것

어떻게 보면 돈을 많이 버는 것보다 더 힘든 것이 적당히 취하고 욕심을 버리는 것이다. 부족한 것에 대한 욕망도 적당한 선에서 충족되면 욕심이 되기 전에 멈출 수 있어야 한다.

어느 순간 멈출 수 있다는 것은 정말 어렵고 힘든 미션이다. 열심히 산 만큼 뻔히 보이는 것들에 대해서 비우고 멈추어야 한다. 그 단계를 넘어서지 못하면 끝없는 만족 추구를 위해 자신을 계속 다그치는 반복되는 쳇바퀴의 삶을 살 수밖에 없다. 멈춤의 미학을 깨닫고 실천할 수 있다면 그 경지야말로 돈오점수의 순간을 맛볼 수 있는 천운을 가진 사람이다. 통제할 수 없는 탐욕은 자기와 주위의 파멸을 부르고, 멈추는 것이 마음이 편안해진다는 단순한 진리를 인류 수만 년 역사와 고전을 통해 배우고 공감해도 실천하기는 그만큼 어렵다. 일면 당연해 보이면서도 본능적으로 거부감을 갖고 있지만, 거부하기 쉽지 않은 그 욕심, 숨기고 싶은 인간의 본성이기 때문이다.

끝이 없는 욕심을 어디에서 멈추고 통제하느냐, 인간 본능을 절제해야 하는 것은 형이상학적인 분야이다. 끝이 없기 때문에 어느 순간 멈추고 자기를 통제할 수 있어야 한다. 초절정의 내공이 필요한 만큼 쉽게 이룰 수 없다. 부단한 노력이 필요하다. 우리가 투자 공부 못지않게 마음공부를 하라는 것은 바로 이런 의미가 내포되어 있다. 도 닦듯이 연습하고 끝임없이 수련해야 한다.

돈과 부에 대한 욕심

욕심 하면 가장 먼저 돈과 부에 대한 욕심이 떠오른다. 우리가 본질적으로 투자를 하는 이유이기도 하다. 경제적 부를 축적하기 위해 더, 더를 외치며 끊임없이 부를 추구하는 사람을 많이 보아왔다.

돈을 많이 버는 것보다 더 힘든 것은 적당히 버는 것이다. 정말 어렵고 어려운 만큼 그에 대한 가치도 충분하다. 슈퍼 리치가 아닌 우리가 부자들은 느낄 수 없는 진짜 만족감을 얻을 수 있다. 조금 부족한 가운데서 자신이 하고 싶은 것을 하기 위해 노력하고 추구할 때 만족감은 극대화된다. 어려운 만큼 추구할 만한 충분한 가치가 있는 이유이다. 어쩌면 부자들은 느낄 수 없는 정신적 우월감마저 느낄 수도 있다.

부자들이 크루즈 투어를 하며 럭셔리 여행을 할 때 느끼는 만족감과 평범한 우리가 1년을 준비해서 가는 한달살기의 만족감 중 어느 것이 더 클까? 난 단연 후자라고 생각한다. 그래서 세상은 어느 면에서는 공평하다. 욕심만 버린다면 돈과 만족도는 비례하지 않는다.

기업가적 소명이나 다른 도전적인 이유가 아닌 단지 부자가 되기 위한 욕심으로 추구하는 부는 어느 정도 임계치를 넘어서면 밖에서 보이는 삶의 질은 비슷하다(여기서 자본주의에서 필연적으로 발생되는 부의 추구까지 부정할 생각은 없다. 자본주의 속성상 혁신과 도전의 결과물로 사회가 변화하고 부는 자연스럽게 따라온다. 새로운 것을 창조하는 사람들의 부까지 욕심으로 취급해서는 안 된다. 자본주의 사회에서는 각자의 그릇이 있고 역할이 있다).

미국 한달살기 중 만난 분들 중 경제적으로만 따지면 우리와 비교도 안 되는 부자들이 많았다. 모든 것이 다 충족된 상태에서 온 그분들보다 어렵게 준비해서 온 우리 가족이 더 대단하다고 느꼈던 적이 있다. 그분들이 대단한 게 아니고 우리가 대단하다는 별거 아닌 치기 어린 생각, 아마 우리 가족이 넉넉지 않은 상황에도 꾸준하게 한달살기를 도전하는 이유이기도 하다. 욕심을 버리면 행복은 우리 곁에 있다는 걸 그때 깨달았다. 우리 정도 수준에서도 그들과 같이 충분하게 우리가 추구하는 삶을 누릴 수 있다.

소유욕과 독점욕, 과시욕은 부에 대한 욕심의 기본이다.

소유보다는 향유, 이것이 최근 경향이다. 예전만 해도 소유, 독점에 대한 욕심도 무시할 수 없었다. 그런 경쟁 속에서 남들보다 더 비싼 아파트, 더 좋은 차 등을 소유하기 위해 부단히 축적하는 삶을 살아왔다. 아직도 그 레이스는 계속되고 있고 더욱 치열해졌다. 향유는 독점욕으로 변신하여 그들만의 프라이버시를 지켜주는 VIP 회원만을 위한 과시욕이 더해졌다.

큰 부자는 아니었지만 미천한 내 경험상 한달살기도 해보고, 때로는 한적한 바닷가도 독점해보았지만 이게 무슨 호사가 싶은 순간은 찰나였다. 사실 그런 특별함은 오래가지 못했다.

제주 한달살기도 하고, 해외 한달살기를 몇 번 하면서 아이러니하게 소유욕이 없어졌다. 예전 바다가 보이는 그림 같은 별장 하나 있으면 하는 꿈을 꾸던 시절도 있었다. 하지만 굳이 그럴 필요가 없다는 생각이 들었다. 마음만 먹으면 제주 바다를 느끼러 가는데 비수기 평일에 가면 큰돈이 들지 않는다. 아니면 1년을 잘 준비해서 한두 달 살기에 도전할 수도 있다. 해외 한달살기도 어떻게 계획하느냐에 따라 그리 과하지 않은 비용으로 가능하다. 내가 버킷리스트에 올려놓았던 곳들을 1년에 한 번씩 장기 휴가 같은 한달살기를 다녀오면서 굳이 소유하지 않아도 내 욕망을 실현할 수 있다는 것을 깨달았다.

《알면서도 알지 못하는 것들》(김승호, 스노우폭스북스, 2017)에서 "돈은 행복에 관한 갈망을 증대시키고 그 갈망은 중독성이 있고 중독은 더 큰 중독을 일으키기에 위험하다, 돈이 점점 더 많아지면 새 차나 새집이 주는 즐거움의 기간이 현격히 짧아진다"고 슈퍼 리치인 저자조차 그렇게 고백한다.

인간의 끝없는 욕심은 만족시킬 수가 없다. 욕심의 또 다른 본질은 만족을 못하기 때문이다. 짧은 환희를 맛본 순간 바로 무뎌질 수밖에 없는 만족 뒤에 오는 허무감은 우울증의 또 다른 이유이다. 마치 연예인이나 유명인들이 마약 같은 인기를 맛본 뒤 사라지는 욕구를 채우지 못하고 상실감에 극한 선택을 하는 것처럼 욕심은 끝없이 또 다른 자극을 향해, 또 다른 욕심을 추구할 수밖에 없는 특성을 가졌다.

관계에 대한 욕심

살아오면서 그리고 투자를 해오면서 사람, 인연에 대해 많은 생각을 하게 되었다. 그리고 관계에 대해 욕심을 최대한 배제한 관계, 인연에 대한 나만의 정의는 이렇다.

> 순간의 찰나로 인연이 되는 사람이 있다.
> 순간의 찰나로 마지막이 되는 인연이 있다.
> 나는 나의 인생이 있고, 그는 그의 인생이 있다.
> 단지 한 시기가 공유되었을 뿐 다시 각자의 길을 간다.

사람과의 관계 때문에 너무 힘든 적이 있었다.

30년 동안 죽고 못 살다가도 불현듯 '딱 여기까지가 우리 인연', 이제는 다시 보지 못할 인연도 있을 것이라는 생각이 들어 적은 문구이다. 물론 그러다가 다시 만날 인연일 수도 있다. 그냥 순간의 인연이라고, 관계라고 집착하지는 말자, 집착하면 힘들어서 내가 죽을 수도 있겠다는 생각이 들었다.

사람과의 관계는 설명할 수 없는 복잡성을 갖고 있다. 내 안의 마음도 모르는데, 관계를 맺어 서로서로 촘촘하게 연결된 인간관계에서 모든 것을 만족한다는 것은 불가능한 미션이자 또 다른 욕심이다. 사람에 대한 기대가 얼마나 큰 욕심인지 때로는 돈보다 인연, 관계에 더 큰 욕심을 부린다. 인연이라는 것이 수만 가지 우연이 얽히고설킨 기적 같은 사건이기에 더 그렇다. 누군가는 인간관계를 위해 남을 배려하라고 하고, 어느 책에서는 눈치 보지 말고 남 신경 쓰지 말고 자신을 지키라고 말하기도 한다.

좋은 인연도 있고 잘못된 만남 같은 악연도 있다.

최근 가족, 친구의 끈끈하고 오래된 견고한 인연보다 온라인이나 가볍게 만나는 느슨한 인연들이 많다. 사소하고 수많은 느슨한 인연들이 일상을 가득 채우고 있다. 촘촘히 연결되어 있는 인연과 관계들에서 상처받고 집착하고 기대하면 말 그대로 피폐해지는 인생이다. 한번 만날 인연도 있을 것이고 2~3년 만날 인연, 가족처럼 평생을 함께 가야 할 운명 같은 인연도 있다(때로는 가족의 연도 끊어질 수 있지만). 때로는 1년은 애인같이 죽고 못 살다가, 그 후는 끊지 못하고 데면데면 봐야 할 인연도 있다. 냉정과 열정 사이처럼 몇 년을 두고 엇갈리는 운명들도 있을 것이다.

투자를 포함해 모든 것에 있어 남는 것은 사람이지만, 때로는 억지 노력으로 인연을 거스르지는 말자. 관계와 인연을 소중히 여기되 딱 내가 할 수 있는 데까지, 그리고 그 이후는 순리대로 받아들이자. 이렇게 하나 저렇게 하나 어차피 인간관계에 답은 없다. 그렇다면 딱 내가 할 수 있는 데까지 최선을 다하고 그 뒤는 생각하지 말자. 그게 인간관계의 욕심에 대한 나의 생각이다.

욕망이 욕심으로
넘어가는 순간을 경계하라

어렵지만 욕심부리지 말자, 투자에도 인생에도. 차지 않는 욕망 선에서 자신을 수련하자. 꾸준히 연습하고 노력하자. 욕심을 버리기 위해, 돈 버는 것보다 훨씬 어려운 수행이다.

인생 총합 '플러스-마이너스-제로', 누구도 부러워할 것도 동정할 필요도 없다. 내가 아는 인생 진리 중 하나이다. 인생은 한 생을 통틀어서 공평하다. 흔히들 인생 총량의 법칙이라고 표현하는데, 우리 인생 모든 부분에 적용된다.

돈도 사랑도 관계도, 감정도 심지어는 건강까지도. 돈이 그렇고 마음이 그렇고 몸이 그렇다. 이걸 인정하면 욕심을 부릴 필요가 없다. 지금 더 얻으면 나중에 얻을 것이 없다. 아니, 때 되면 사라진다. 그게 욕심의 특성이다.

《부자사전》(허영만, 위즈덤하우스, 2005)에 "욕심으로 되는 일도 없다.

하지만 욕심 없이 되는 일도 없다"는 말이 있다. 앞의 욕심은 단어 그대로의 욕심, 뒤의 욕심은 욕망에 대한 정의가 아닐까.

"욕심을 버리고 욕망을 실현한다."

욕심과 욕망, 그 경계선을 결정하는 것은 결핍에 대한 차이이다. 결핍은 결국 비움, 아니 채움에 대한 기준이다. 관심에 대한 만족의 지속성이 결핍을 판단한다. 지속성이 짧다면 그건 자기 채움에 대한 결과가 아니다.

맥주잔을 가득 채워 마셔야 성이 차는 사람도 있고, 반만 채워도 괜찮은 사람이 있다. 고급 와인바에서 몇십만 원짜리 와인 한잔의 가치를 모르는 사람은 마트에서 만 원짜리 와인을 마셔도 충분하다.

고급 외제차를 타야 만족하는 사람도 있고 차는 단지 이동수단으로 알고 경차를 끌어도 만족하는 사람이 있다. 차나 와인이 비교가 아닌 자기 가치관에 따른 결핍이 기준이 돼야 하지만 비교에서 나온 욕심은 그 순간을 망각한다. 단지 비싸고 좋아 보이는 것을 추구한다. 욕심을 부린다.

주위에 보면 차에 대한 엄청난 애정을 갖고 있는 사람들이 있다. 그런데 그런 사람들은 대개 두 부류이다. 기준이 엄격한 사람들은 차에 대한 관심도 많고, 차의 구체적 성능과 미세한 부분까지 줄줄 꿰고 있다. 애정이 있고 지식이 있고 그에 따른 자기만의 기준이 확고하다. 나

같은 둔한 사람은 느끼지도 못하는 미세한 차이도 한번 타기만 하면 바로 파악한다. 시동을 걸 때 나는 소리나 운전할 때 몸이 반응하는 느낌, 자동차가 갖추어야 하는 기본적 기능부터 차에서 즐기는 카 오디오 시스템과 부가적인 것들까지. 차를 고를 때 하나하나 전부가 그들에게는 중요한 부분이다. 그런 사람들은 언젠가는 더 좋은 차를 타기 위해 욕심 아닌 욕망을 갖고 있다. 차에 대한 자기 기준에 대한 결핍을 느끼기 때문이다. 차를 통해서 일상에서 즐거움을 알고 운전을 통해 행복을 추구한다. 반면 단지 비싼 외제 고급차를 과시욕을 위해서 구매하는 사람들도 우리 주위에는 부지기수이다.

전자는 욕망이고, 후자는 욕심이다. 전자가 느끼는 욕망은 단기간에 그치는 욕심이 아니기에 오랫동안 지속된다. 차에 대한 지식도 없고 단지 욕심에 구매한 사람들은 차를 사고 만족감은 길어야 한 달 이상 지속되기 힘들다.

내 마음이 생각하는 수준에 대한 결핍은 자기 마음이 기준이어야 한다. 중요한 것은 자기의 기준에 맞추는 것이다. 결핍의 기준은 남이 아니라 자신이다. 맥주를 반만 마셔도 충분한 사람은 반만 마셔도 행복하고 만족한다. 반잔을 넘기면 체한다. 자기 행복을 위한 욕망은 추구하되 남에게 보이기 위한 욕심은 버려라. 자기에 대한 결핍이 무엇인지 정확하게 파악하는 것이 제일 먼저 해야 할 일이다. 그리고 욕망이 욕심으로 넘어가는 그 순간을 경계하라. 그 경계점에 비교가 있다.

비교의 늪에서
벗어나기

　　우리 어머니는 인생 초절정 고수다. 40년 전부터 어머니 친구들
이 모두 강남으로 터전을 옮길 때 꿋꿋이 서울 변두리에 터전을 지키
셨다. 격동의 시대를 보내고 난 후 40년 전 사소한 선택이 알게 모르게
우리 사회에 계급을 형성하는 가장 큰 기준이자 선택인지 그 당시는
아무도 몰랐다.

　　현재 어머니 곁에 몇백억 원대 부자에서부터 제주도 몇만 평 땅부
자, 중견기업 회장 사모님까지 40년 가까이 이어오고 있는 어머니의
계 멤버들이다.

　　지금 생각해보니 어머니는 얼마나 힘드셨을까. 오랜 세월 표현하지
는 않았지만 알게 모르게 속으로 얼마나 마음고생을 심하게 하셨을까.
어머니라고 왜 비교가 되지 않았을까.

　　묵묵히 그 세월을 보내고 질투 없이 소소한 일상을 즐거움으로 버틴
어머니가 바로 인생 고수다. 그리고 나서 돌아보니 딱히 어머니 곁 부

자들이나, 어머니의 삶은 다를 것이 없어 보인다. 한 달에 한 번 계 모임에 가서 맛있는 것 함께 먹으며 같이 영화를 보고 차 한잔 마시고 난 후 인생 황혼이 그렇듯 예전 추억들을 얘기하며 소소하게 수다 떨고 스트레스 풀고 오는 것이 일상의 즐거움 중 하나이다. 신기한 것은 단지 경제적인 측면만 비교하면 가장 보잘것 없는 어머니가 그 모임에서 밥도 곧잘 산다는 것이다. 어머니가 새삼 존경스럽고 자랑스럽다.

투자자의 이중생활 이후 나 역시 많은 부자를 보았다. 대단한 주식 부자부터 신문에서나 볼 수 있는 아파트 수십 채를 가진 사람, 연봉 몇 억 원을 우습게 버는 젊은 친구부터 뛰어난 아이디어와 타고난 재능으로 성공한 사업가들까지. 삶의 판을 바꿔 보니 그동안 내가 살아왔던 삶과는 너무나 다른 뛰어난 사람들이 많았다.

어머니에게 영향을 받아서인지 한동안은 나 역시 비교하는 삶과는 거리가 멀었다. 무난하게 삶을 살고 있었고 딱히 생계에 문제가 없었을 시절, 오히려 그들보다 내 정신적 우월성이 돋보일 때도 있었다. 경제적 부를 이룬 그들조차 당장의 욕심에 도전조차 하지 못하는 한달살기도 몇 번이나 했고, 무언가를 비우고 포기하고 평일 자유를 누릴 수 있는 마음의 여유도 갖고 있었다. 나에게는 나만의 가치 있고, 의미 있는 꿈이 있었고, 목표가 있었고, 무엇보다 자신감이 있었다. 때로는 생각하는 대로, 말하는 대로 사소한 것까지 모두 이루어졌다.

잘 풀릴 때는 아무 문제가 없다. 문제는 잘 안 풀릴 때 진정 그 내공이 드러난다. 조급함에 악마에게 영혼을 판 후 난 어머니와 판이하게 달랐다. 아니, 그 이전부터 나에게는 비교의 싹이 마음속에 뿌려져 있었던 것인지도 모른다. 정신적 우월감이라는 것도 당신은 할 수 없는 것을 나는 할 수 있다는 잘난 비교에서 시작되었다. 딱 그 정도가 내가 살아오면서 쌓아온 공력과 내공이었는데 단지 그걸 포장된 자신감에 현혹되어 나를 착각했다.

겉으로 보이는 삶이 전부가 아닌 것을, 나 자신의 삶에 나조차 속아 살아왔다는 걸 알았다. 그런 사고의 틀이 한번 무너진 후 주위의 모든 것과 비교하기 시작했다. 때로는 유치할 정도로 말도 안 되는 아주 사소한 것까지 비교했다. 단지 그들이 나보다 잘나간다는 사실을 견딜 수가 없었다.

그런다고 너무 자책하지 말자. 잘났든 못났든 모든 사람이 다 그렇다. 언젠가 국민 MC 유재석의 무명시절 인터뷰를 보니 지금은 유느님이라고까지 칭송받던 그도 주위 잘나가는 동기들을 보며 유치할 정도로 그런 감정을 느꼈다고 한다.

"만족하지 못하면 아무리 돈이 많고 권력이 높아도 행복할 수 없다.
나보다 부자는 여전히 많고 나보다 현명한 사람 또한 많으며,
나보다 건강하거나 젊은 사람은 계속 늘기 때문이다.
부러워만 하면 자존감도 없어진다. 자신을 자책하기 바쁠 뿐이다.
비교를 중단하고 욕심을 버리는 순간 만족과 행복이 손을 잡고 들어온다."
-김승호, 《알면서도 알지 못하는 것들》(스노우폭스북스, 2017) 중에서

'있어빌리티', 우리말 '있어 보인다'와 ability(능력)의 합성어로 《트렌드코리아 2019》에서 우리 사회를 예측하고 조명한 신조어인데 남들에게 있어 보이게 하는 능력이다.

'있어 보이게'에 포함된 뜻은 있지 않은 것을 있어 보이게 포장하는 것을 뜻한다. 있어 보이고 싶어 하는 젊은 세대의 마음을 표현한 단어이기도 하지만 이 말 속에는 비교가 내포되어 있다. 있어빌리티는 사회의 트렌드이기도 하지만 이런 말이 유행할 정도로 우리 사회가 비교의 세계로 내몰리는 것을 의미하기도 한다. 누구의 강요도 아닌 자신의 선택으로.

수많은 이유가 있겠지만 자기를 바라보지 못하고 남을 바라보는 것 역시 욕심에서 시작된다. 흔히들 말하는 '비교', 서로가 서로에 대해 부러워한다. 나는 너를 부러워하고 너는 나를 부러워하는 웃픈 현실, 비교가 낳은 생지옥의 모습이다.

최근 SNS에 경쟁적으로 올리는 사진은 비교하기를 극적으로 보여주는 장이다. 비교하는 삶과 거리가 멀었을 때는 아무렇지도 않았던 것들이 매일 접하는 SNS를 통해 어느 순간 모든 것이 비교의 대상이 되었다.

처음에는 제법 거창한 것에서 시작되는 비교는 아주 사소한 것으로 확장된다. 입고 먹고 사는 인간의 기본 일상에서, 그리고 이제는 내가 얼마나 잘 놀고 자유로운지에 대해 비교를 통해 경쟁한다. 비교는 끝이 없다. 돈이 그렇고 삶의 치열함, 자유로움도 그렇다.

단순하게 과시하기 위해 고급 차나 부의 모습을 올린 것과는 달리 좀 더 고차원적으로 비교를 하면서 우리들은 더 힘들어졌다. 내가 이 정도 자유롭다는 것을 애써 홍보한다. 때로는 욕심 없는 자유로운 영혼임을 자랑하기 위해 명상하는 모습도 그 대상에서 자유롭지 않다.

음식의 맛보다는 보이는 고급스러움과 남들에게 어떻게 보이는지를 생각하면서 본질은 사라지고 보이는 껍데기만 남았다. 보여주는 사람도 힘들고 보는 사람도 괴롭다. 누군가보다는 하나라도 더 있어 보여야 한다는 강박이 우리 사회를 짓누르고 있다. 내면의 자유로움을 외면으로 표현하기 위해 자유로움에 '뽀샵'을 가한다. 사진을 보정하는 작업은 이제 나의 피부, 얼굴이 아니라 정신적 우월감을 위한 보정일 뿐이다.

이쯤 되면 남들과 비교하는 건지, 내 마음속 또 다른 나와 비교하는 건지 헷갈리기 시작한다. 일명 '있어빌리티' 사회, 트렌드로 치부하기에는 우리 삶의 질에 치명적인 영향을 끼친다. 그 이면에는 비교가 있다. 욕심의 사촌 '비교'는 악마가 우리에게 준 독배이다.

욕심과 비교를 언급하다 보면 흔히들 그릇에 대한 비유를 많이 한다. 각자에게는 자기 삶에 맞는 그릇의 크기가 있다. 물론 인생을 살아가며 그릇의 크기를 키우거나, 그릇 자체를 바꾸려는 사람도 있다. 하지만 자연법칙상 물리학적으로 그릇 자체를 키우거나 모양을 바꾸는 것은 말처럼 쉬운 것이 아니다(도자기 제조 과정을 살펴보면 그릇 크기나 모양을 바꾼다는 것은 점토 성형 과정에서 판을 돌려 제조하는 초기에나 가능하다. 일단 모양과 크기가 결정되고 초벌 건조가 되면 그릇 크기나 모양을 바꾸는 것은 도자기를 깨고 새로 만든다는 것을 의미한다).

대부분 자기계발이나 재테크 책에서 강조하듯 '그릇을 키우라'는 행간에는 뿌리 깊은 심각한 오해가 내포되어 있다. 평범하거나 작은 그릇에 대한 거부감 내지 부정적인 뉘앙스를 포함하고 있다. 사람들은 '그릇이 작은 것을 인정하고 시작하면 돈에 대한 욕망도 없다'라고 지레짐작한다.

그릇의 크기나 모양이 삶의 수준을 결정하는 것은 아니다. 세상에는 모든 다양한 사람이 있을 뿐만 아니라 그릇도 쓰임새에 따라 다르다. 모두 본차이나 같은 명품 도자기 그릇만 쓰이는 것이 아니다. 그릇은 간장 종지도 있고 밥그릇도 있고 찻잔, 국 사발, 술잔 등 다양한 크기와 모양의 그릇들이 존재한다. 각 그릇에는 각각의 역할이 있고, 그 나름대로 모두 중요하다. 크기에 따라 역할에 따라 중요성이 달라지는 것이 아니고, 상황에 맞게 다양한 쓰임새를 갖고 있다. 모두가 전문가나 고수로 되거나 태어나지는 않는다.

삶의 의미를 담기 위해서는 욕심, 초월도 아닌 그런 것을 인정할 수 있는 용기도 담을 만한 그릇을 만들 수 있어야 욕심과 비교에서 벗어날 수 있다. 단지 '알려줘도 넌 안 하잖아'라고 몰아치는 그들을 따라하지 못해, 따라 해도 능력이 못 미쳐서, 알아도 게을러서 실행하지 못한다고 여러 가지 이유로 짱돌 많이 맞아 괴로워하는 우리에게 지금은 질타보다 따뜻한 위로가 필요하다. 모두가 다 다르다. 다른 만큼 각자의 역할이 있다. 같은 잣대로 비교를 하지 말자. 투자를 안 한다고 잘못된 것은 아니다.

자기 위를 올려다보며 비교하면 삶이 불행해진다. 그건 위대한 1%나 평범한 90%나 모두에게 똑같이 적용되는 삶의 진리이다. 잘났든 못났든 삶의 중심은 남이 아니라 나이다. 삶이란 그렇게 설계되어 있다. 그래서 삶은 공평하다.

행복하고 싶다면 절대 비교하지 마라, 절대! 남보다 우월해지는 것이 결코 인생의 목표가 되어선 안 된다. 결국 자신의 그릇을, 다시 말해 있는 그대로의 자기 자신을 그대로 인정하고 자기만의 길을 묵묵하게 걸어가며 만족하는 것이 인생이다.

이런 사회에서 40년 한결같은 어머니의 모습을 보며 묵직한 감동을 느꼈다.

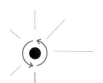

어떤 것도
기대하지 마라

욕심에는 나중, 미래에 대한 기대가 내포되어 있다. 기대에는 '이 정도는 할 수 있겠지, 이 정도는 해야 한다'는 '이 정도'라는 목표가 설정된다. 이 정도 목표의 기준은 대개는 밖이다. 이때 생기는 감정이 또한 비교이다. 기대 달성 여부에 따라 우리 만족도가 측정된다. 만족도가 절대적인 것은 아니지만 흔히 행복의 기준으로 설정되기도 한다.

사회과학이론 중 '기대 – 만족 불일치 이론'이라는 것이 있다.

언뜻 보면 일상에서 너무 당연한 것 같은 사실을 사회과학적으로, 학문적으로 증명하여 구축된 이론이다. 복잡한 이론적 성격을 배제하고 단순하게 내린 결론은 기대와 만족도는 반비례한다는 것이다.

기대가 크면 만족도가 낮게 나오고, 기대가 적으면 만족도는 높게 나온다(이론에서 만족도는 성과라는 말로 대체된다). 너무나 당연한 얘기인데 우리는 일상에서 때론 그 사실을 잊는 것이 문제이다.

구글 X의 신규 사업 총책임자였던 자연과학자 모 가댓이 행복을 자연공학적으로 풀어쓴《행복을 풀다》(한국경제신문사, 2017)에서 단순화된 행복 방정식을 다음 그림과 같이 도출했다.

'기대 – 만족 – 행복' 프로세스는 일상에서 우리 마음속을 항상 테스트하고 있다.

문제는 기대를 충족할 경우 우리는 만족하고 또 다른 행위를 통해 기대를 한다. 이렇게 멘탈은 어떤 식으로든 계속 실험대에 놓이게 된다. 따라서 언젠가는 무너질 수밖에 없는 구조를 갖고 있다. 기대를 충족하지 못할 경우 우리를 더 달달 볶기도 한다. 그리고 기대를 충족하지 못했을 때 우리는 실망하고 흔히 멘탈이 무너지는 경우가 많다.

행복 방정식

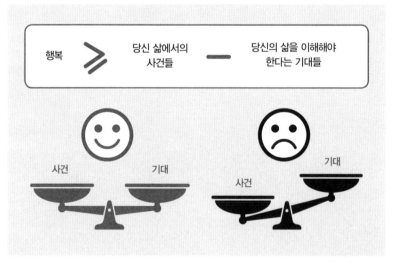

자료: 모 가댓, 《행복을 풀다》

그래서 내가 느낀 마음 수양 기본 단계 중 하나가 "어떤 것도, 어느 순간에도 기대하지 마라"이다. 역설적으로 어떤 기대도 하지 않는다면 우리는 그 무엇에도 만족할 수 있다.

기대만큼 얻으면 당연한 것이라 생각하고, 그렇지 않으면 실망하고 상처받는다. 모든 사람의 마음은 똑같다. 무언가를 얻는다는 것은 언젠가는 무엇을 잃는다는 것이다. 그게 우주의 법칙이다. 우리가 기대하는 이상을 바라는 것은 욕심이라는 형태로 나타난다.

우리 일상에서의 모든 행동은 기대라는 보이지 않는 욕심을 수반한다는 것을 잊지 말자. 어떤 것도 원치 않고 기대하지 않을 때 예상치 못한 많은 것을 깨닫고 얻을 수 있는 것이 우리가 삶의 경험을 통해 배운 지혜 중 하나이다.

아이들과 몇 번의 한달살기 경험은 내 인생 최고 만족감을 선사한 이벤트 중 하나였다. 상상 외로 만족감이 컸던 이유 중 하나는 아이러니하게 우리는 한달살기를 통하여 어떤 것도 기대하지 않았다는 사실이다.

대부분 아이들과 한달살기를 가는 경우 어떤 유·무형적 교육적 기대를 하는 경우가 많다. 왜 그런 생각이 안 들겠는가? 오랜 시간 준비하여 비싼 비용 들여가며 애써 편한 집을 떠나 그 먼 곳까지 가면서 어떤 기대도 하지 않고 떠난다는 것은 말처럼 쉬운 것은 아니다. 여러 가지 면에서 설레는 만큼 알게 모르게 많은 것을 기대하게 된다. 특히 일상을 벗어나면 아이들에게 은연중 많은 것을 기대하게 된다.

전쟁 같은 일상을 탈출하면 스마트폰이나 게임에서 멀어질 것이라는 기대도 있을 것이고, 딱히 눈에 보이는 교육적 효과를 생각지는 않더라도 세계 유명 박물관이나 황홀한 자연풍광을 보며 영감 비슷한 감동이라도 느끼지 않을까 싶다. 하지만 아이들에게는 장난감 가게만 기억에 남거나 여전히 스마트폰에 몰두하여 부모 속을 뒤집어놓기도 한다. '내가 이러려고 비싼 돈, 힘들게 시간 들이면서 이곳까지 왔나?' 하는 자괴감이 든다.

하지만 짧은 한 달 많은 걸 기대하지 않고 포기하는 때, 깨달음의 순간이 찾아온다. 아이들에게 한달살기는 그리 특별한 것이 아니다. 우리가 갖고 있는 편견과 고정관념이 문제이다. 아이들과 우리는 마음가짐 자체가 다르다. 아이들은 매일매일 순간순간 자란다. 한달살기 소중한 경험들은 머리와 가슴에 어릴 적 특별한 DNA로 스며들어 평생 저장될 뿐이다. 그런 모습을 보면서 본전을 뽑았다는 소소한 만족감으로 끝내야 한다.

지금 이곳에 와서 가족과 함께 특별한 일상, 낯선 경험을 하고 있음에 감사하는 것으로 충분히 만족하고 감동을 느꼈다. 한 달을 온전히 흘려보낼 수 있는 용기를 얻고 나서야 진정한 한달살기의 행복을 느끼게 되었다.

모든 것은 그 나름대로 의미가 있다. 특별한 무언가를 기대하면 실망할 순간밖에 남아 있지 않다는 것을 한달살기를 한두 번 하고 나니 깨닫게 되었다.

먼 곳까지 와서 더 많은 것을 보여주고 싶고, 더 많이 느끼게 하고, 더 많은 것을 경험하게 해주고 싶은 것은 어찌 보면 인지상정이다. 하지만 그게 욕심이다. 그냥 되는 대로 순리대로 욕심부리지 말고 지내다보면 즐거웠던 순간을 언젠가는 기억하게 된다. 몸이 가슴이, 언젠가는 반드시. 아이들에게 기억보다는 기름진 땅의 토양을 만든다는 생각, 자라야 한다는 생각 자체를 버렸다. 설사 자라지 않으면 어떤가, 같이 있는 그 순간이 행복하면 되는 것이다. 無mean(무민) 세대 아이들에게 의미를 너무 부여하지 말자. 그럴수록 의미가 있다.

무엇보다 큰 기대를 하게 되면 하고 싶은 것들도 많아지고, 그 기대를 만족시키기 위해 우리 뇌와 몸은 부지런히 움직일 수밖에 없다. 무엇인가를 얻으려 하는 순간 기대감은 커지고, 그에 반비례하여 만족도는 떨어질 수밖에 없다는 것은 한달살기 중 깨달은 진실이다.

많은 분이 내게 한달살기에 대해 물었을 때 가장 중요하게 얘기했던 것도 '어떤 것도 기대하지 마라'였다. 조금 실망스러운 답일 수도 있지만 어떤 것도 기대하지 말고 욕심을 버리면 역설적이게 얻는 것들이 많았고, 그에 대한 만족도는 최고로 높아졌다. 아이들에게도 나에게도, 교육적으로도 어떤 것을 얻기 위해 일상과 다른 욕심을 부리지 않아서 더 행복했던 한달살기 추억이자 교훈이었다.

그 사소한 어떤 것에도 기대하지 마라, 무엇이든. 기대하지 않음으로써 얻는 편안함이 상상 이상으로 행복감을 선사한다. 기대하지 않으며 비우며 얻어지는 것들이 인생을 풍요롭게 만든다. 인생이 행복해진다. 인생에서 기대하지 않고 아무렇지도 않게 툭 던져버리는 연습이 필요하다.

인생은 평생에 걸쳐 빼는 작업이다. 기대하지 않으면 비우는 것이 한결 쉽다. 50여 년 전 비틀즈가 그렇게 주구장창 외쳤던 let it be(그냥 내버려두세요)! 우리에게 지금 필요한 건 그냥 두고 흘려보내는 연습이다. 그리고 그렇게 흘려보낼 수 있는 용기는 내 마음속 균형과 중용에서 나온다.

균형과 중용:
내 인생의 최고 가치

균형을 사전에서 찾아보면 '어느 한쪽으로 기울거나 치우치지 아니하고 고른 상태'이다. 균형과 혼용해서 쓰이는 '중용'이란 단어가 있다. 중용은 균형을 생활에서 철학적으로 실천한 정의이다.

사전적 정의는 '지나치거나 모자라지 아니하고 한쪽으로 치우치지도 아니한 떳떳하며 변함이 없는 상태나 정도'로 나온다. 균형의 사전적 정의는 물리적으로 보이는 상태를 표현하고, 중용은 그런 물리적 상태를 정신적 상황에 반영한 통합적이고 철학적인 성격이 강하다.

중용은 서양이나 동양철학에서 오랜 세월 빼놓지 않고 추구되어온 명제이기도 하다. 동양철학의 기본 개념으로, 사서의 하나인《중용》에서 말하는 도덕론으로 '지나치거나 모자람이 없이 도리에 맞는 것이 중中이며, 평상적이고 불변적인 것이 용庸'이다. 서양 철학사에서 나오는 중용은 아리스토텔레스 덕론德論의 중심 개념이다. 욕망을 통제하고, 지견智見에 의하여 과대와 과소가 아닌 올바른 중간을 정하는 것을 이른다.

흔히 균형과 중용에 관해서 얘기할 때 오해하는 부분들이 있다.

중용은 양극단의 중간이 아니다. 흔히 기계적 중용으로 오해하고 행동하는 경우들이 많다. 수학적으로 가운데인 중간과는 다르다는 말이다. 중용은 이쪽저쪽으로 기울어질 수 있다는 행간의 의미를 내포하고 있다.

중용에는 공간에서의 중간을 의미하는 것뿐만 아니라 **때를 아는 것, 시간에서의 중용을 내포한다.** 〈지금은 맞고 그때는 틀리다〉라는 영화 제목처럼 같은 행동이지만 때와 상황에 따라 다르게 해석되는 경우가 많다.

단순하게 자기의 기준 없이 기계적으로 중간적인 균형을 추구할 경우 우리는 기회주의자, 회색분자로 취급받는다. 때로는 삶의 태도와 수많은 선택의 순간에서 '중간적' 위치를 취하는 것이 애매모호함을 내포하고 있어 비난받기도 한다. 하지만 우리는 살아가면서 수많은 모순적 상황을 접할 수밖에 없다. 세상의 가치관과 다양한 의견으로 인해 모순되는 여러 가지 주장을 접하고 우리는 거기서 하나를 선택해야 하는 상황에 몰리기도 한다.

여기서 포인트는 물리적 중간이 아닌 상식의 중간이다. 단순하게 기계적인 중간을 선택하는 것을 경계해야 한다. 중간은 사이의 가운데로, 이것은 극단적인 의견이 난무하는 사회에서 그 사이의 간극을 좁혀가는 노력이 중용이라는 것을 의미한다.

인간은 정도의 차이는 있지만 우리는 어느 정도는 다중인격을 갖고 있다. 내 안에는 몇 개의 페르소나가 있을까. 대부분 사람은 가면 뒤에 숨어 그 가면에 맞는 역할에 충실하기도 하지만 어느 순간 가면을 바꾸고 파격적인 일탈 내지 이중성을 자기도 모르게 표현하기도 한다. 나에게는 한없이 친절한 사람이 어느 사람에게는 상상하기 싫은 악인이 될 수도 있다. 내 편일 때는 몰랐는데 다른 가면을 쓰고 다른 편이 돼서 횡포를 퍼붓는다고 생각해보면 끔찍하다. 그런 것들이 내 삶 옆에서 펼쳐지는 이치이고 무서움이다. 이런 것들을 조정해주는 것이 사회가 가지고 있는 상식이다. 수만 년 문화와 삶. 역사를 통해 쌓아온 것이 바로 상식이다.

상식은 누구나 알아야 하고 지켜야 할 지식이지만 의외로 우리 주변에 상식이 없는 사람들을 많이 발견할 수 있다. 자기 내 다중인격을 적절하게 조절하고 사회 상식에 맞게 행동할 수 있는 중용이 필요한 이유이다.

우리는 주위의 다양한 분야에서 상반된 시각과 관점을 접하고 있다.

일과 삶에 대한 태도에서부터 돈과 부에 대한 상반된 관점, '현재에 충실하라 vs 미래를 준비하라', '치열함 vs 여유로움', '신중하게 vs 과감하게', '눈치 보지 말고 당당하게 행동하라 vs 남을 배려해서 행동하라' 등 행동의 기준과 물질적, 정신적 영역까지 이런 사례들은 비일비재하다. 양극단적인 관점과 태도들이 제시되고 결정적 순간에 선택을 강요받기도 한다.

때로는 이 말이 맞는 것 같기도 하고 저쪽이 맞는 것 같기도 하다.

어느 장단에 맞추는 것이 옳은 것인지 감이 안 올 때가 많다. 사회적 기준과 상식에 맞춰 옳고 그른 문제가 아니라면 대개는 가치관과 성향의 문제이다. 그러니 당연히 정답은 없다. 여기서 중요한 것은 이 세상 상반되는 모든 의견과 주장의 공존과 충돌을 바라보며 이해하고 행간의 뜻을 자기만의 균형된 시각으로 조정해가는 연습이 필요하다. 이때 필요한 것이 중용이다. 상반된 주장에 남의 기준이 아닌 자기만의 해석을 덧붙이는 정반합의 과정이 중용이다.

결국 나를 찾는 것이 균형이고 중용이다. 남과 비교하지 않고 나를 객관적으로 보고 나를 최적화시키는 작업이다. 중용에는 마음 수련의 고난이도 연습이 필요한 과정이다.

일상생활에서 나만의 중용 실천법은 '회피하면 해피하다', 즉 적당히 B급 인생을 사는 것이다.

회피하면
해피하다

"회피하면 해피하다."

어느 순간부터 내가 메모하고 간직해온 문구이다. 누군가는 회피하지 말라고 한다. 회피하면 패배자의 낙인을 찍는 것이 우리 사회 전반적인 분위기이다. 하지만 내가 경험해보니 덕후가 아니어도 B급 인생도 충분히 괜찮다는 걸 알았다.

모든 사람이 A급일 수도 없고, 덕후일 필요도 없다.

한때 깊이 있는 덕후들이 부러웠다. 아니, 무언가에 무아지경으로 빠질 수 있다는 점이 부럽긴 하다. 깊이가 있는 삶은 남들이 모르는 하나의 세계를 더 향유하고 있는 것이다. 그리고 무엇보다 어느 상황에서든지 객관적인 정보와 지식을 바탕으로 자기만의 주관이 명확한 것은 세상을 살아가는 큰 힘이 된다.

어느 분야이든지 깊게 빠져들지 못한 것은 내 인생 콤플렉스 중 하나이다. 신기하게 게임이든 심지어 도박에도 잠깐의 재미를 느낀 적은 있었지만 몰입한 적은 없었다.

현대 사회에서 깊이가 없다는 것은 전문성이 떨어진다는 것으로도 통한다. 예전에는 제너럴리스트와 스페셜리스트의 장단점이 비교되기도 했지만, 실제 살아보면 깊이 없이 살게 되면 나를 인정받기가 쉽지 않다.

인생을 살면서 이런 성향 때문에 스트레스를 많이 받았다가 한달살기를 경험하면서 때로는 회피하면 해피해지는 것을 깨달았다. 나는 학창 시절 때부터 언어지진아인 편이었다. 특히 영어는 10년 제도권 교육에 더하여 짧게나마 어학연수까지 다녀왔지만 시험용 영어는 그나마 어느 정도까지는 억지로 올렸는데 실제로 영어를 사용할 때는 영어 울렁증과 콤플렉스를 극복하지 못해 평생 나를 괴롭혔다. 대학과 대학원을 나오고 세계여행까지 했는데도 여전히 기초회화 수준을 벗어나지 못했다.

그러던 중 첫 해외 한달살기를 호주 시드니로 가면서 그 콤플렉스를 조금이나마 벗어날 수 있었다. 바로 회피였다. 아내가 영어 소통은 거의 전담을 하다 보니(물론 아내가 뛰어난 영어 실력의 소유자는 아니고 수준은 거의 비슷하다. 단 아내는 어떤 두려움이나 부끄러움이 없었고 한국 사람이 영어를 못하는 것은 당연하다고 생각하는 주의였다. 부럽다) 내가 딱히 전면에 나서서 영어로 말하지 않아도 되었다. 배낭여행 중 한 번도 느껴보지 못한 편안함을 어느 순간 경험했다. 영어는 내 인생의 본질이 아니다. 난 내 본질에 집중할 여유를 가질 수 있었다.

깊이가 없는 것에 연연하지 않고 얕지만 나만의 관심에 집중할 수 있었다. 그리고 그 순간 행복을 느꼈고 생각보다 괜찮은 삶의 방식이라는 것을 알았다. '적당히' 살아도 큰일이 나지 않았다.

군이 좋아하지도 않고 잘하지도 못하는 것에 깊이가 있을 필요가 있을까? 물론 좋아하지 않으니 잘할 수도 없지만, 좋아하지도 않는 것들에서 A급이 되려고 노력한다고 삶의 질이 향상되지 않는다. 모두가 일류를 지향하는 시대에서 모두가 A급일 수는 없다. A급이 아니어도 우린 충분히 행복할 자격이 있다.

내가 일상에서 실천하는 중용에 가장 적절한 말이 '적당히'다. 언젠가부터 '적당히'란 말은 긍정적인 의미보다 약간 부정적인 말로 쓰이기 시작했다. 대충대충이라는 느낌도 나고 왠지 뭔가 부적절하고 노력을 하지 않는 느낌이 든다. 하지만 '적당히'에도 상당히 노력이 필요하고 어려운 작업이다.

'적당히'란 말은 스포츠에서 말하는 '힘을 빼고'라는 말과 일맥상통한다. 힘을 빼는 것이 얼마나 어려운지 경험해본 사람은 알 것이다.

지금 세상은 완벽하고, 빅데이터라는 시대에 적응하기 위해 좀 더 세밀하고 빡빡해졌다. 한마디로 빈틈이 보이면 왠지 부족하다는 걸로 인식되어 모든 것을 쏟아부으며 소진하며 번아웃되기도 한다. 일하는 것도 때론 노는 것마저….

이런 시대에 '적당히'가 주는 의미는 '중용'이나 '균형'에 다름 아니고, 그것이 반영된 삶이 'B급'이라는 생각이 들었다.

A급, 덕후들을 보면 무언가 경지에 올랐다는 느낌이 든다. 갖고 노는 느낌, 때로는 그런 사람들을 보면 그런 안목이나 경지가 부럽다. 나도 무언가에 경지에 오르고 싶다. 그러나 그렇게 안 된다고 해서 내 마음을 지옥 속에 빠뜨릴 것인가. 그 순간 나는 B급으로 턴해야 하는 순간이라는 것을 깨달았다. 이렇게 전환하지 않으면 내가 느끼는 인생이 너무 힘들게 느껴질 수가 있다. 그 순간 깨달은 진리가 "회피하면 해피하다"이고, 내게 있어 중용을 실천하는 방법이다. B급 인생도 충분히 행복할 수 있다. 본래 삶의 목표가 행복이라면 A급이 아니어도 괜찮다.

모든 사람이 A급이 될 수는 없는 상황에서 굳이 애써 모든 사람이 A급을 추구할 필요는 없다. 각자가 정해놓은 선, 임계치에서 '적당히' 맞추면 된다는 생각이 들었다. 세상에 '적당히'가 건전하게 통한다면 조금 더 따뜻해지지 않을까.

B급은 인생 실패자가 아니다. 남의 그릇에 대한 존중을 표하고 자기 그릇의 크기를 인정하는 것이다. 우리 사회에는 수많은 평범한 B급 우리들이 있다. 어쩌면 변명에 불과하지만 자기 합리화를 통한 삶의 만족 향상을 위해 기꺼이 충분히 행복할 수 있는 B급 인생을 지향할 수 있는 이유이다.

단, 깊이가 없는 B급이어도 마냥 가볍지만은 않게 살고 싶다. 깊이가 없다고 가벼운 것은 아니다. B급이어서 우리는 남에 대해 너그러워질 수도 있다. 얽매이지 않고 다양한 것들에 관심을 가질 수 있다. 그런 과정에서 깨달음의 순간이 오고, 그래서 역설적이게 우리 인생은 마냥 B급이지 않는다.

남들보다 늦고 뛰어나지 않다. 그러면 어떤가, 내가 그 느낌 그대로 인생을 누리고 행복하면 되는 것이다.

어렵게 굳이 A급을 지향하지 말자. '회피하면 해피하다'는 나만의 자기 합리화를 통해 나를 찾는 과정, 이것이 인생 중용에 대한 내 삶의 실천법이다.

투자를 시작한 후 끊임없이 굴곡 있던 삶을 겪었던 내게 너무나 위로가 된 깨달음은 '나름대로 잘살고 있다. 최고는 아니지만 적당하게'이다. 중용과 균형, 진정한 경제적 자유를 위해 추구해야 할 내 인생 최고의 가치를 투자를 통해 알게 되었다.

인생에서 투자가
모든 것이 아니다

'왜 투자를 하는가'에 대한 답은 결국 인생에서 추구하는 자유와 행복으로 귀결된다. 인생과 세상 원리가 그렇게 단순하지는 않지만 대개 인생 최종 목표는 나의 행복 추구, 조금 더 나아가 나를 포함한 공동체의 행복을 추구한다고 얘기한다. 그런데 어느 순간 본말이 전도되고 투자를 위해 인생을 사는 것처럼 여겨지기도 한다.

인생에서 투자가 모든 것이 아니다. 부동산, 주식투자를 하지 않는다고 바보는 아니다. 다 각자의 가치가 있고 생각이 다르다. 냉혹한 투자 세계에 합류하면서 일상에서 주위 사람들을 내려다보게 되는 순간이 온다. 왠지 치열한 자신에 비해 너무 게으르거나 생각없이 사는 것으로 치부하기도 한다. 개구리 올챙이 시절을 생각하지 못하고 불과 얼마 전 그런 일상을 살아왔고, 대부분 그런 일상을 살고 있다는 사실을 잊는다.

투자도 인생의 한 부분일 뿐이다, 일상이 그렇듯이.

궁극적으로 자유를 추구하는 우리는 돈과 마음이라는 수단을 통해 일상에서 시간을 투자하고 있다. 경제적 부를 이루기 위해 돈을 벌고 투자를 하고, 마음의 부를 이루기 위해 중용의 미덕을 갖추기 위해 마음 수련에 힘을 쏟는다.

경제적 자유와 마음의 자유에 관한 생각들이 결합하여 우리의 일상이 된다. 우리의 일상이 모여 우리네 삶이 된다. 삶은 이런 생각들과 별거 아닌 일상들의 합이다. 누군가에게 삶은 특별한 일상이 될 수도 있고, 어떤 이에게는 그야말로 일상 그대로의 평범한 일상으로 그려질 수도 있다. 무엇보다 일상은 **아무런 이익도 챙기지 않는 그런 시간들이다.**

일상의 시간들은 때로는 우리의 관심도 받지 못한 채 무심코 지나가는 시간들이기도 하다. 아침에 일어나서 샤워를 하고 밥을 먹고 차를 마시고 일을 하고 산책을 하고 운동을 하고 책을 읽고 저녁을 먹고 조금 특별하다 싶으면 친구를 만나서 수다도 떨고 영화도 보고 하루의 끝에 잠자리에 들고….

글로 쓰기에 민망할 정도로 특별하지도 않고, 지속적이고 반복적인 어쩌면 조금 지루하고 평범한 행위들의 합이 일상이다. 그리고 우리는 오랫동안 평범한 일상의 소중함을 잊고 지냈다. 그리고 코로나 19라는 형태로 그에 대한 대가를 톡톡히 치르고 있다.

일상은 지금 현재 진행형이다. 과거가 아니고 미래도 아니다.

순간들의 합, 지금 현재가 모여서 일상이 되고 그런 일상이 모여서 인생이 된다. 인생은 그런 순간들의 합이다. 일상이 중요하고 순간에 집중해야 하는 이유는 심심하고 지난한 일상에서의 루틴한 과정 속에서 어느 순간 묵직한 삶의 지혜들을 발견할 수 있다는 것이다.

그런 깨달음은 공짜로 얻어지는 것이 아니다. 일상을 소중히 여기는 삶의 태도 속에서 일상을 디테일하고 꾸준하게 관찰하고 느낀 자에게만 내려지는 선물이다. 우리에게 그런 선물은 통찰력, 인사이트라는 모습으로 나타난다. 이런 안목과 혜안이 삶에 깊이를 더할 때 인생의 내공이 깊어진다.

예전부터 깊이 콤플렉스가 있는 나로서는 이런 통찰력, 안목을 가진 사람들을 부러워했다. 그런 깊이 있는 안목들은 도대체 어떻게 키우고 어디서 나오는 걸까 궁금했다.

인생 마흔을 넘어 비로소 알게 되었다. 이런 통찰력, 혜안을 가진 분들은 일상을 무심코 흘려버리지 않고 일상에서의 사소한 흔적들과 기억들을 가슴속 자기만의 정리된 방에 하나하나 향유하고 있다. 내가 부러워하는 그들의 인사이트는 그런 평범한 일상을 소중하게 여기는 분들이 가진 특권이다. 그것이 일상이 주는 선물이고 우리가 일상을 소중하게 여겨야 하는 이유이기도 하다. 그런 일상을 통해 우리는 소소한 행복감을 느낄 수 있다. 때론 이런 행복감이 인생의 목표가 된다.

복기해서 생각해보면 투자자로의 삶을 살 때 나를 힘들게 했던 것도 일상의 삶을 잃어버렸다는 것이다. 욕심이 일상을 빼앗아갔던 시절, 사실 내가 일상을 버린 것이었다.

일상, 그 별거 아니지만
소중한 삶에 대하여

코로나19 시대 이후 우리가 가장 크게 느낀 것은 역설적이게 일상의 소중함이었다. 조금 과장해서 그런 일상의 소중함을 무시한 대가를 깨닫게 하기 위해 우주는 우리에게 코로나라는 선물을 툭 던진 것일 수도 있다.

일상을 잃으면 더욱더 절실해지는 것이 일상이며 얼마나 큰 선물을 주고 있는지 그 전에는 알 수 없었다. 매일 학교에 다니고 동네 산책을 하고 운동을 하고 여행을 다니고 하루 세끼 밥을 먹는 것이 절실하다는 것을 예전에 미처 몰랐다.

극장에 가서 영화를 보고, 금요일 저녁 친구들과 모여 술 한잔 가볍게 할 수 있다는 것이 그렇게 소중한 일상인지 알지 못했다. 숨을 가쁘게 쉬며 피트니스센터에서 같이 운동을 하고 북적대는 카페에서 수다를 떨 수 있다는 것이 진정한 행복인지 지금에야 깨닫게 되었다.

록다운(lockdown, 봉쇄)된 현실에서 몇 개월 만에 패스트푸드점에 가서 햄버거 세트를 사 먹으며 울고 말았다는 어느 소년의 이야기처럼 우리는 이제야 교과서적인 그 말, 평범한 일상의 소중함을 일상이 박탈되고 나서야 깨닫게 되었다.

덜컥 탈이 났다.
갑자기 허리가 삐끗했다.
자고 일어나면 낫겠거니 대수롭지 않게 여겼는데
웬걸, 아침에는 침대에서 일어나기조차 힘들었다.

그러자 하룻밤 사이에
사소한 일들이 굉장한 일로 바뀌어 버렸다.

세면대에서 허리를 굽혀 세수하기
바닥에 떨어진 물건을 줍거나 양말을 신는 일, 기침을 하는 일
앉았다가 일어나는 일이 내게는 더이상 쉬운 일이 아니었다.
　〈중략〉
이때 중국 속담이 떠올랐다.
"기적은 하늘을 날거나 바다 위로 걷는 것이 아니라
땅에서 걸어다니는 것이다."
　〈중략〉
혼자서 일어나고
좋아하는 사람들과 웃으며 이야기하고

함께 식사를 하고 산책을 하고

그런 아주 사소한 일이

다만 그런 소소한 일상이 기적이라는 것을 깨달을 때는

대개 너무 늦은 다음이라는 점이 안타깝다.

– 윤세영, <일상의 기적> 중에서

사실 산다는 것은 일상이 우주 속 우리에게 펼쳐지는 기적의 장이
다. 세속적인 것들에는 장엄함이 깃들어 있다. 아이를 위해 아침을 차
리고 이부자리를 정리하는 사소한 경이로움을 잊어버린다.

그동안 우리는 우리 자신이 무얼 하는지 모를 정도로 너무나 바쁘고
분주하게 살아왔다. 그래서일까? 일상은 그렇게 우리 삶을 무심코 지
나쳤다.

행복에 관한 책을 읽다가 언제 행복감을 느꼈는지 구체적으로 적어
본 적이 있다. 차 막히는 것을 병적으로 싫어해서 사무실로 출퇴근할
때 자가를 이용할 경우에는 아침 일찍 출근해서 저녁 늦게 퇴근했다.
퇴근길 강변북로를 달리면서 음악을 크게 틀어놓고 듣는 것만으로도
그렇게 짜릿하고 행복할 수가 없었다.

사람 없는 한적한 밤 난지천 공원을 아무 생각 없이 산책했던 순간
도 떠오른다. 아침마다 뜨거운 물줄기에 온몸을 맡기고 샤워하는 순간
을 떠올려봐도 미소가 지어지고, 좋아하는 아이스크림 한입 베어물 때
느낀 행복감도 결코 가볍지 않았다.

물론 삶의 여정 중 세계여행이나 한달살기, 결혼, 아이 탄생 등 메가 이벤트에서도 느낀 행복감도 있지만 머릿속 떠오르는 것들을 적어보니 오히려 사소한 일상 속 소소한 것들이 대부분인 것을 알고 살짝 놀랐다.

《죽을 때 후회하는 25가지》와 같은 책들에서 공통적으로 나오는 얘기들이 있다. 사랑하는 사람에 고맙다는 말을 많이 했다면, 진짜 하고 싶은 일을 했더라면, 가고 싶은 곳으로 여행을 떠났다면, 맛있는 음식을 많이 맛보았다면 등 왜 그 일상과 순간을 누리지 못했는지 대한 후회로 가득하다.

흔히 우리가 목표로 삼은 성공과 돈에 대한 얘기는 일도 없다는 것도 이런 이유일 듯싶다. 우리가 눈을 감는 순간, 떠오를 인생의 즐거웠던 기억들은 이러한 사소한 일상에서의 기쁨이다.

무미건조하다고 지루하다고 일상을 간과하지 말자. 삶의 태도는 일상에 대한 태도이다. 일상은 화려하진 않지만 꾸준하게 누적되는 삶의 총합이다.

이런 것들이 일상의 복리 효과로 나타난다. 순간에 집중하고 현재에 충실하면 그런 것들이 쌓이고 쌓여 단단해지며 일상에서 깊이로 나타난다.

투자,
일상을 풍요롭게 하는 수단

일상의 순간들을 저축하면 행복이 된다.

인생 황금기도 지금이고 가장 힘들 때도 지금이다.

신이 우리에게 매일 주는 선물인 오늘, 지금, 그리고 순간을 누려라.

소소한 것들이 합쳐진 일상, 안주하지는 말되 그 편안함을 누려 보자.

일상에서 우리는 소중한 무엇인가를 발견할 수 있고 아무렇지도 않은 것들을 깨닫게 된다. 아무렇지도 않은 아무런 것들의 합인 인생, 평범한 일상에서 견見과 관찰을 통해 삶의 무기인 통찰력과 안목을 키울 수 있다.

2019년 여름 바르셀로나 한달살기 중 호안미로 미술관을 방문했다.

점 하나 톡 찍어놓은 낙서 같은 그림 3점을 보고 당황했다. 이해되지 않았지만, 〈저주받은 인간의 희망 I, II, III(The hope of condemned man I, II, III)〉이라는 거창한 제목으로 도록과 가이드북에는 엄청난 예술사적 의미가 있다고 쓰여 있었다. 하지만 우리 집 2호가 그려도 저 정도는 그릴 것 같다는 엉뚱한 생각까지 들었다.

미국 동부 한달살기 중 며칠간 보스턴 여행을 하면서 가고 싶었다는 보스턴 미술관을 혼자 다녀온 아내가 "역사가 짧지만 힘을 느낄 수 있었어. 한 세대가 지나면 미국의 작품들에 대한 평가가 달라질 거야"라고 했다. 한 분야에 대해 자신의 의견을 그렇게 자신 있게 말할 수 있는 안목과 당당함이 부러웠다.

나 같은 예술 문외한이라면 미술관이나 박물관에 가서 대부분 비슷한 느낌을 받지 않을까 싶다. 사전 검색을 통해 기본 정보를 대충 훑고 가서 가이드에게 설명을 듣기도 하지만 단편적인 이해 이상으로 알아듣기 어렵다. 그저 알아듣는 척, 일명 똥폼 잡고 고개를 끄덕이기만 한다. 여행 중 정말 무언가에 대한 지식과 안목이 있는 사람들이 보면 뭔가 다른 것이 그 사람들에게는 보이는 걸까 의구심이 들 때도 있다.

같은 작품을 감상하면서도 그들에게 보이는 것과 우리가 보고 느끼는 것은 차원이 달랐다. 그들에게는 그것을 제대로 볼 줄 아는 안목과 혜안이 있다는 걸 깨달았다. 그런 통찰력은 단기간에 읽은 책이나 배운 강연으로 쌓을 수 있는 것이 아니라 그들의 일상, 삶 속에서 꾸준하게 관심을 갖고 관찰해온 힘이라는 알았다. 그들은 보이지 않는 행간을 읽을 줄 아는 능력을 갖고 있다.

이런 것은 그냥 나오는 게 아니다. 일상을 꾸준하게 음미하며 쌓아온 자세와 태도에서 나온다. 그러다 보면 머리를 탁 치듯이 무엇인가가 튀어나오는 결정적 순간들이 있다.

"아, 왜 내가 그때 그런 행동을 했었는지, 혹은 그런 선택을 했는지" 등에 대한 답이 아른거리는 순간들이 생긴다. 그런 순간들이 하나하나 쌓이고 모이면 자기만의 통찰력으로 다져진다. 삶에 우연이 없다는 말은 이와 같은 이치이다. 모든 것은 우연을 가장한 필연이고 그 장이 일상이고 일상의 주인공은 바로 당신이다.

일상이 주는 가장 큰 선물은 안목이자 혜안, 통찰력이다. 일상의 견(見)을 통해 발견되는 최고의 능력이자 인생 내공이다.

천천히 꾸준하게 자기만의 루틴을 지키면 일상이 단단해지는 경험을 할 수 있다. 견(見)을 통해, 안목을 통해, 일상이 단단해지면서 습관이 형성된다. 꾸준하게 무언가를 쌓고 축적되는 일상에서 좋은 습관이 나온다.

습관은 뇌와 머리로 만드는 것이 아니라 몸이 반사적으로 반응해야 한다. 1년에 하나 정도 좋은 습관을 만들면 몇 년 뒤 인생이 바뀐다는 말이 있다. 그만큼 습관을 만든다는 것은 하나의 성을 구축하는 것만큼이나 인내력이 필요하고, 어려운 작업이기도 하다.

우리가 언어나 운동을 배울 때 흔히 말하는 정비례 그래프가 아닌 계단식 그래프를 경험한다. 계단식 그래프를 떠올리면 괴로운 사람들이 하나둘이 아니다. 아무리 노력해도 긴 기간 정체되는 느낌에서 많은 사람이 "내 길이 아닌가 봐, 내 능력의 한계는 여기까지"라고 짓고 포기하는 죽음의 구간이다. 물이 99도에서 딱 1도를 올려 100도에 도달해야만 끓는 바로 그 점, 그 계단을 하나 올라서기 전, 그 문턱을 넘기 전 경험하는 그 구간이다.

알면서도 포기하는 그 구간은 바로 경험치의 합이 쌓이고 있는 수평 구간이자 바로 일상의 시간과 공간이다. 경험치의 합이 계단을 넘어가는 어느 순간이 깨달음의 순간이고 바로 돈오점수를 경험한다(頓悟漸修, '갑작스럽게 깨닫고 그 깨달은 바를 점차적으로 수행해가다'라는 뜻의 불교 용어). 일상을 통해 돈오점수의 순간을 맞이하는 것이다. 이때 생기는 것이 통찰력과 안목, 혜안이다. 계단을 넘어갈 때 느끼는 감정과 경험이 반복되면 반복될수록 인생 내공은 한층 깊어간다.

이런 계단을 뛰어넘는 느낌과 경험은 일상의 루틴이 축적되어 가능한 것이다. 돈오점수의 순간은 크고 거창한 이벤트가 아닌 일상을 통해 실현이 가능하다.

외국어 습득과 같은 언어가 그렇고 수영이나 달리기 같은 운동이 그렇고 꾸준하게 쌓이는 습관들이 그렇다. **무엇보다 투자 역시 시나브로 그렇게 내공이 쌓여가는 것이다.**

계단 하나를 뛰어넘는 순간, 몰입의 즐거움을 느끼는 순간, 평범한 일상 덕에 나의 한계를 뛰어넘는 그 순간 일상이 새롭게 다가오는 것을 느꼈다면 그때가 바로 깨달음의 순간이다. 찰나, 깨우치는 순간이 거짓말처럼 환한 빛을 비추듯이 찬란하게 영화 속 장면처럼 예상치 못하게 극적으로 다가온다.

이 순간이 바로 일상이 우리에게 주는 소소한 기쁨과 행복을 느끼는 순간이다. 나 또한 흔치 않지만 몇 번의 경험을 통해 소소한 그 즐거움의 깊이를 안다. 자유형으로 쉬지 않고 수영장을 돌 수 있다는 걸 어느 순간 무의식적으로 느꼈을 때, 아파트 계단 오르기를 무의식적으로 몸이 반응하여 습관이 되었을 때 등 별거 아닌 것에 뿌듯함을 느꼈다.

무라카미 하루키는 글을 쓰기 위해 매일 10km를 달린다고 한다. 글과 달리기가 무슨 관련이 있겠냐 싶겠지만 자신의 일상 자체에 집중하고 음미하여 그런 일상 속 꾸준함에서 깊이가 나오고 단단함이 나오는 것을 그의 작품들을 보며 내공을 느낄 수 있다.

이렇게 일상의 순간에 집중하고 통찰력을 키우면 허상의 것에 현혹되지 않는다. 보이는 것, 연출된 것들에 속지 않는다. 우리가 흔히 보는 SNS 사진상 고급 휴양지 인피니티 풀과 고급스러운 레스토랑의 산해진미 속에 행복이 있다고 생각하지 않는다. 행복은 우리 곁 일상에 있다는 것을 알며 사색하고, 때로는 아무 생각 없이 멍 때릴 수 있는 여유를 가질 수도 있다. 보이지 않는 그 시간이 얼마나 가치 있다는 걸 안다. 사진 너머, 행간 너머의 의미가 무엇인지를 알 수 있는 힘이 길러진다.

일상이 주는 복리 효과를 누릴 수 있는 능력, 그런 능력이 안목으로 표출되고 그런 혜안과 통찰력이 생긴다면 우리가 꿈꾸는 풍요로운 인생에 한 걸음씩 다가갈 수 있다. 경제적 자유를 추구하는 욕망과 자유 사이 균형을 조절할 수 있는 중용까지 일상을 통해 얻게 된다.

단단해진 내공으로 통찰력을 발현하여 일상을 사는 지금 이 순간이 생애 한가운데 그 순간이라는 것을 아는 벅찬 느낌의 표현. 이것이 소소한 일상이 우리에게 주는 선물, 행복이다. 후회하며 돌아보는 과거가 아니고 잘 살고자 목표로 삼는 미래도 아닌 현재이고 일상이 우리에게 주는 선물이다.

자유자재로 마음을 관리할 수 있는 인생 내공은 일상의 깊이와 누적에서 나온다. 그래서 일상은 또 하나의 전장이자 삶의 현장이다. 투자하면서 여러 시행착오도 겪으며 궁극적으로 추구하는 삶의 의미, 고민에 대해 얻은 힌트는 돌고 돌아 일상에서 발견했다.

일상이 주는 복리 효과

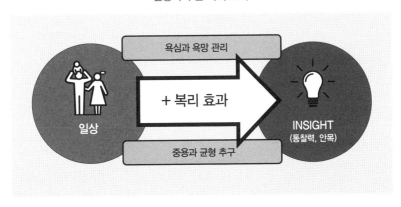

"살다 보니 알겠더라.

행복을 누리는 방법은 아주 단순하다는 것을….

일상 속 순간 감정에 충실했을 때 그런 느낌이 쌓이는 과정.

투자자의 삶, 부를 추구하는 것은

걸으면서(걷기), 읽고(독서), 교류하며(여행), 거닐며(산책), 음미하며(일상),

난 그 속에서 무의식적으로 삶의 행복과 즐거움을 누리고 있다는 것을.

단지 의식하지 못하고 있었을 뿐…"

투자는 그런 일상을 풍요롭게 하기 위한 수단일 뿐이라는 것을 결국
마흔 이후 투자 공부를 통해 배웠다.

6장

경제적 자유인 프로젝트 – 나를 찾아서

바쁘다고 좋은 게 아니다. 대체 무엇 때문에 바쁜가?
반드시 이 질문을 던져야 한다.
– 헨리 데이비드 소로

한 미국인 관광객이 멕시코 작은 어촌에 도착했다.

그는 마을의 어부가 잡은 크고 싱싱한 물고기를 보고 감탄했다.

"그거 잡는 데 얼마나 걸렸나요?"

"별로 오래 걸리지 않았어요."

어부가 말했다. 그러자 미국인이 재차 물었다.

"왜 좀 더 시간을 들여 물고기를 잡지 않나요? 더 많이 잡을 수 있을텐데…"

어부는 적은 물고기로도 자신과 가족들에게는 충분하다고 했다.

"그럼 남는 시간에는 뭐하세요?"

"늦잠 자고 낚시 잠깐 하고, 애들이랑 놀고, 아내하고 낮잠 자고…. 밤에는 마을에 가서 친구들이랑 술 한잔합니다. 기타 치고 노래하고…. 아주 바쁘지요."

미국인이 그의 말을 막았다.

"사실 제가 하버드 MBA입니다. 제 말 들어보세요! 당신은 매일 좀 더 많은 시간을 들여 낚시를 해야 합니다. 그러면 더 많은 물고기를 잡을 수 있을 거예요. 더 많은 수입이 생기고 더 큰 배를 살 수 있겠죠. 큰 배로 더 많은 돈을 벌 수 있습니다. 그러면 배를 몇 척 더 살 수 있고, 나중에는 수산회사도 세울 수 있습니다. 당신은 이 조그만 마을을 떠나 멕시코시티나 LA, 아니면 뉴욕으로 이사할 수도 있다고요."

그러자 어부가 물었다.

"그렇게 되려면 얼마나 걸리죠?"

"20년, 아니 25년 정도요."

"그다음에는요?"

"당신 사업이 진짜로 번창했을 때는 주식을 팔아서 백만장자가 되는 거죠!"

"백만장자? 그다음에는요?"

"그다음에는 은퇴해서, 바닷가가 있는 작은 마을에서 살면서 늦잠 자고 아이들이랑 놀고 낚시로 소일하고, 낮잠 자고…. 그리고 남는 시간에 술 마시고 친구들이랑 노는 거죠!"

"지금도 그렇게 지내고 있는데요."

"…"

– 멕시코 어부와 하버드 MBA 미국인에 관한 우화

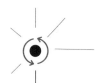

부자의 기준

몇 년간 경제적 자유인을 꿈꾸고 파이프라인 구축에 힘쓰며 자산과 비근로소득의 일정 액수를 목표로 삼았었다. 몇 가지가 어긋나며 목표와 멀어지기도 했지만 한달살기 도전을 통해 인생의 또 다른 목표를 찾은 지금 내 경제적 자유에 대한 기준이 바뀌었다.

단지 얼마짜리 고급주택에 살고 럭셔리한 휴가를 즐기며 주저 없이 명품을 살 수 있는 기준이 아니라 내가 기준으로 하는 삶의 질을 유지할 수 있을 정도 경제적 부가 떠올랐다.

어느 정도면 경제적 부를 이루고 자유를 누릴 준비가 되었다고 할 수 있을까. 100억? 10억? 1억? 사람마다 기준이 다르다. 액수로 하는 것은 사실 무리가 있다.

나 역시 일차적으로 경제적 부를 이루었다고 할 수 없다는 것을 한달살기 중 부지불식간에 알았다. 혹자는 가족 모두가 해외 한달살기 가는 것 자체가 이미 기본적인 부를 이뤘다고 오해하기도 한다. 아니,

오해라기보다는 그건 기준의 차이지만….

우리 가족 한달살기는 나의 의견이 강하게 반영되었고, 무엇보다 사람들이 생각하는 것 이상으로 빠듯한 비용으로 추진되었다. 그래서 이렇게까지 하면서 한달살기를 할 필요가 있을까 하는 고민도 살짝 했다.

한달살기에 대한 나의 기준은 명확했다. 현재 감당할 수 있는 수준에서 갈 수 있으면 도전한다. 우리 환경에 맞는 최고의 가성비를 맞출 수 있게 항공, 숙소, 생활비용 등을 준비해 갔다.

그 과정 중에 포기할 것은 과감히 포기했다. 자기가 하고 싶은 것을 할 때 돈에 구애받지 않고 쓸 수 있을 정도는 아니라는 것을 한달살기를 통해 알게 되었고, 아직 경제적 자유인이 아닌 것을 실감했다. 그럼에도 불구하고 조금 과한 비용을 지불하더라도 기회비용 대비 높은 가성비라고 생각하는 체험에는 미련 없이 지갑을 열었다. 경제적으로 완벽하게 갖추고 있진 않았지만 마음가짐에 대한 준비는 잘하고 있다는 생각이 들었다.

그런 의미에서 내가 생각하는 나만의 경제적 자유인에 대한 부의 기준은 예전보다 조금 더 단순해졌다. 내가 원하는 두 가지를 할 수 있을 정도만 벌자. 더이상 욕심내지 말자.

첫째, 1년에 한 번 정도 해외 한달살기를 할 수 있을 정도
둘째, 내가 아는 지인 누굴 만나든 밥이나 술은 웃으면서 기꺼이 살 수 있을 정도

이 정도로 경제적 부는 축적하고 싶다. 조금 더 나아가서 내가 하고 싶은 것을 돈에 구애받지 않고 편하게 할 수 있는 수준까지 바라지만, 문득 욕심이라는 생각이 들었다. 욕심과 욕망 사이에서 균형이 필요한 순간이다.

욕심을 내기 시작하면 한이 없다. 지금은 아니라고 하지만 내가 탐욕에 빠져 헤어나오지 못하는 가짜 부자의 전철을 밟지 않으리란 보장도 하지 못한다.

물론 아직도 내가 돈과 약속한 일정 자산 목표액을 가슴 속에 품고 있지만 사실 자산 몇억보다는 이런 정성적 목표가 자유를 누리는 데 훨씬 더 적합하고 멋있는 삶이 아닐까 상상해본다.

부와 정신의 균형을 강조하고 있는 최근 트렌드에서 사람들은 무작정 부를 추구하는 시대는 서서히 저물어가고 있다. 이런 현실에서 우리가 꿈꾸는 경제적 자유인에 대한 각자의 정의를 어떻게 구체화할 수 있을까.

경제적 자유라는 것은 일종의 인식이다. 이미지이다. 자본주의에서는 모든 사람이 다 부자가 될 순 없다. 아니, 대부분 될 수 없다. 그런데 많은 자기계발서에서는 '하면 된다, 우리도 된다'라는 식으로 설득하고 일말의 희망을 갖고 따라 하다 어느 순간 지친다. 이건 수학 확률상 어쩔 수 없는 정규분포를 따른다.

지치는 비율에 속하는 사람들이 대부분 우리 사회 중산층 대부분 평범한 이들이다. '난 부자가 될 수 없어.'라고 생각하면서도 막연하게 부자들과 비교하면서 삶을 불행하게 만드는 악순환이 계속된다.

> "언제나 돈에 대해 걱정했다. 사람들은 돈을 많이 벌게 되면 그것을 잃을까 두려워하기 때문인데 특히 뱅쌍처럼 매일 값비싼 와인을 주문할 경우엔 더욱 그랬다."
>
> – 프랑수아 를로르,《꾸뻬 씨의 행복 여행》(오래된미래, 2004) 중에서

시간을 자유롭게 누리며 사는 경제적 자유에 대한 개념이 바뀌었다. 나를 보지 않고 그들을 바라보게 되었다. 왜 우린 그들의 프레임에 갇혀 살아야 하는가. 그렇게 하지 못하면 우린 패배자의 삶을 살 수밖에 없는가. 그건 그들의 바람대로, 자본주의가 처놓은 덫에 빠지는 것은 아닐까? 의심이 들었다.

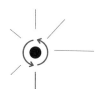

진정한
경제적 자유인

　나름대로 경제적 자유인을 인증하기 위해 의식처럼 치르는 나만의 연례행사가 하나 있다. 매년 초여름 한강공원 야외 수영장 개장하는 주, 평일에 가면 사람이 거의 없다. 한강을 바라보는 넓은 수영장 풀 전체를 거의 독점하다시피 나 혼자 쓸 수 있다.

　준비물은 읽고 싶은 책 한 권, 맥주와 도시락 정도. 거기에 분위기 맞는 음악을 다운로드해서 가면 이런 천국이 따로 없다. 넓은 풀에서 혼자 수영하다 지치면 맥주 한잔에 싸온 간식들을 먹으며 따사로운 햇살을 받으며 나른하게 음악 듣고 졸리면 자고 심심하면 책 읽고 다시 내리쬐는 태양 볕에 배 들이밀고 수영하고….

　배경화면, 설명, 어떤 사인 없이 저 멀리 앵글 잡아 찍어서 보면 세계 고급 휴양지 럭셔리 리조트에서 휴가를 즐기고 있는 슈퍼 리치의 모습과 전혀 다를 바 없이 보인다. 그 호사를 누리는 데 드는 비용은 많이 잡아야 2만 원 안팎이다(현재 한강수영장 음주는 금지되어 있다).

　누군가에게 보여주기 위한 이벤트가 아니다. 처음 경험한 순간 이런 것이 우리가 꿈꾸는 자유의 감정이 아닐까. 자유라는 게 우리가 어렵게 추구하고 복잡하게 정의하는 것보다 이렇게 온몸으로 느낄 수 있는 소소한 감정의 합이라는 생각이 들었다. 경제적 자유인의 경지가 이 정도라면 누구나 누릴 수 있는 능력을 갖고 있지 않을까? 나의 생각을 바꾸게 해준 소소하지만 묵직한 경험이다.

그때 체득한 무한한 자유 감정을 잊지 않고 그대로 느끼기 위해 그 이후 매년 실천하고 있는 나만의 의식이다. 매년 이런 의식을 경험하고 나면 경제적 자유에 대한 생각이 좀 더 유연해지며 어느 순간 나는 경제적 자유인이 되어 있었다. 경제적 자유인이 된다는 것이 생각만 전환하면 어려운 것이 아니라는 생각이 들었다.

삶의 질은 사실 별거 아니다. 포기하면, 마음을 비우면⋯. 한 번씩 상상되는 비현실적인 상상들이 때로는 현실에서 실행되고 그 느낌을 간직하는 것, 그리고 그 순간 행복하다고 생각되면 당신은 잘살고 있는 것이다. 경제적 부 이상의 정신적 부를 누리고 사는 것이다.

정신적 부는 때로는 일상 속에서 아주 사소하게 다가온다.

더운 여름 시원하게 맥주를 들이켤 때, 비 오는 날 음악을 들을 때, 누군가 연애하는 모습을 보고 왠지 모르게 가슴이 심쿵 할 때, 아침 새벽 산책할 때 어느 순간에도 찾아오고 누릴 수 있다. 이 정도면 경제적 부보다 훨씬 쉽지 않은가. 평범함 우리도 자유를 누릴 수 있다.

친한 지인들과 함께 제주 올레길을 걷다 여러 고민을 듣게 되었다.

내가 보기에 그 친구만큼 경제적으로 안정적인 직장에 딱히 불안할 게 없어 보였지만 의외로 삶을 버거워했다. 그때 "당신 삶을 창밖에서 보면 삶의 질은 부자들과 다를 바가 없다. 계좌의 사이버 숫자만 기억에서 지운다면 당신은 매주 맛있는 것을 먹고 좋은 사람들 만나고 여행 다니는 더없이 부러운 삶이다"라고 위로했던 기억이 난다.

우리는 대부분 비슷한 느낌으로 일상을 살고 있다. 경제적 자유라는 단어조차 자본주의가 심어놓은 환상일 수 있다는 생각이 들었다. 언제부터인가 자유에 '경제적'이라는 꼬리가 붙은 후 하나의 이상적인 목표처럼 경제와 자유는 같은 의미로 취급되기 시작했다.

"자유란 무엇인가"에 대한 고차원적인 고민은 내 인생 주요 미션인 '경제적 자유인'으로 옮겨갔고 나에게 많은 시사점과 전환점을 주었다. 자본주의를 다시 생각하고 경제적 자유 그리고 자유의 본질에 대해 다시 사유할 수 있는 기회와 힘을 주었다.

우리가 힘겨워하는 이유는 이 프레임에서 벗어나지 못해서 아닐까 문득 의심이 들었다. 경제적 자유도 이제 하나의 사명이자 트렌드, 과제가 된 느낌이다.

우리는 여전히 자본주의의 틀 안에서 살고 있다. 이것은 누구도 부정할 수 없는 사실이고 부정하는 순간 적어도 경제적으로는 불행한 삶을 살 확률이 높다.

누군가는 맹목적으로 부를 추구할 수도 있고 누군가는 적절하게 부와 자유를 균형 있게 추구하기도 한다. 누군가는 그런 틀 언저리에서 생존과 생계를 걱정하기도 한다. 최근처럼 불안정한 경제 상황 속에서는 불확실성은 크고 불안감은 더 커질 수밖에 없다.

"돈이 많으면 행복할까"에 대한 해묵은 논쟁에서 고려해야 할 것은 최소 임계치에 대한 자기만의 기준 설정이다. 누구에게도 흔들리지 않을 자기만의 기준 설정이 확고하다면 최소 인생 미션 반의 성공이다. 경제적으로는 그 이상 억제할 수 있는 능력을 키우는 것에 전념하면 된다. 기준을 설정하는 것은 말처럼 쉽지는 않다. 욕심과 욕망이 개입되기 때문이다. 사람마다 그 욕망이 다르기 때문에 그 기준, 임계치를 어느 정도로 설정하느냐 역시 천차만별이다. 개인이 살아온 삶이 욕망에 반영되기 때문에 욕망 자체로 비난해서는 안 된다. 하지만 사회 전반적으로 기준과 임계치 스펙트럼이 넓으면 넓을수록 갈등은 심해지고, 욕망은 탐욕으로 변할 수 있다.

자유는 공짜로
얻어지지 않는다

2018년 여름 미국 동부 한달살기 중 방문한 워싱턴 D.C.의 내셔널 몰 링컨 메모리얼 파크 옆 한국전 참전 기념탑에 이런 문구가 있었다.

"Freedom is not free."

이 문구를 보고 내면 깊은 곳에 숨겨져 있던 마음속에 넓고 긴 파문이 일었다. 머리를 도끼로 맞은 듯 멍한 느낌. 유난히 자유에 목말라 했던 나에게 의미심장하게 다가왔던 이 한 문장, 내가 그렇게 꿈꾸던 자유는 공짜로 얻어질 수 있는 것이 아니다.

사실 여기서 말하는 자유는 우리가 흔히 말하는 경제적 자유와는 거리가 있는 일차적인 물리적 자유를 뜻한다. 물리적으로 속박하는 체제, 전쟁에서의 자유, 그리고 더 나아가서 그 예전 신체적 자유를 억압했던 노예제로부터의 해방이다. 단어 뜻 그대로 물리적이고 육체적 자유를 뜻한다.

하지만 현대 자본주의 시대를 살아가고 있는 우리에게 시공간을 초월해서 주는 의미는 남다르게 해석될 수밖에 없다. 지금 이 순간 현대적 의미에서 자유란 무엇일까?

대부분의 사람이 자본주의의 노예로 전락한 사회에서 1차적 자유를 뛰어넘는 2차적, 아니 그 이상의 자유를 추구하는 경제적 자유에 대한 고민의 연장선이다. 자유를 찾아 헤매며 고민하고 지구 반대편으로 한 달살기를 온 나에게 던져진 큰 화두였다.

처음에는 '자유롭다'고 하면 경제적 자유, 돈이 많으면 되는 줄 알았다. 아니다. 그러고 나서 여행도 원하는 대로 다니고 한달살기도 하면서 자유롭게 시간을 쓰는 것이 자유인이라는 착각 아닌 착각을 하였다. 그렇다고 자유인이 되는 것은 아니라는 것을 뒤늦게 깨달은 것이다. 그 이상 단계는 경제적 상황과는 별개로 자유자재로 마음을 관리할 수 있는 경지, 마음의 자유를 진정 누릴 수 있는 것이 진정한 자유이다. 그동안은 경제적 자유인 코스프레를 하고 있다는 것을…. 깨져 본 후에야 깨달았다.

마음의 부를 이루지 못한 상태에서는 겉으로는 시간을 자유롭게 쓰고 경제적으로 어느 정도 자유로운 상태인 것처럼 보이지만 무언가 편안해 보이지 않는다. 때로는 불안해 보인다. 그들은 처음 다짐과는 달리 멈추지 못했고 마음속에서 솟아오르는 욕심은 어느 순간 과하게 넘쳐 끊임없이 자기를 몰아부친다. 결국 또다시 그들만의 상위 리그 속으로 들어가 또 다른 경쟁에 매몰된다. 그리고 그 위, 또 그 위, 그러다가 하나, 둘 떨어져 나가면서 지쳐간다.

그들만의 상위 리그에 끼지 못하는 보통 90% 우리들은 또 하위 리그 속에서 끊임없이 경쟁을 한다. 적당히 고급지게 꾸며진 현대적 의미로 포장된 경제적 자유라는 자본주의가 심어놓은 프레임에 현혹되어 쥐 경주 트랩 속에 자기를 내던질 수밖에 없다. "열심히 하면 잘될 거야"라는 소수의 성공 신화를 기대어 막연한 희망을 품고 말이다.

> "재테크 카페 초기 공동체가 경제적 자유를 얻기 위해 재테크 공부하고 절약하며 성장했는데 지금은 모두 가상의 숫자에 매어 악다구니만 남았다."
> -다음 텐인텐 카페 주인장(박범영) 2020 경향신문 인터뷰 中

자본주의가 빠질 수밖에 없는 필연의 프레임이라는 생각이 들었다.
'어떻게 우리는 매년 매번 발전하고 성장만 할 수 있지?'

하지만 자본주의는 끊임없는 성장과 발전이라는 확장 프레임을 벗어날 수 없다. 이런 한계를 알고 나서 난 그들의 프레임에서 벗어나야 한다고 생각했다. 그렇지 않으면 자유로움조차 경쟁하는 그런 시스템에서 행복할 수 없다. 이 단계를 넘어서서 우리만의 프레임을 구축해야 한다. 그것이 진정한 자유이다.

진정한 사고의 자유를 누리기 위해 이런 용기가 필요하다.

먼저 우리가 사는 자본주의를 인정해야 한다. 그리고 일단 돈과 부에 대해 나의 그릇과 미진함을 인정하고 다음 단계로 나아갈 수 있어야 한다. 상상할 수 없는 거대한 부를 이룰 수 있는 특별한 그릇일 수도 있지만 자기가 평범할 수도 있다는 것, 자기가 부족할 수도 있다는 것을 인정할 수 있는 용기가 있어야 한다.

노력한다고, 열심히 산다고 모두가 그들처럼 부자가 되진 않는다. 내가 생각하는 자본주의의 핵심이다. **노력한다고 모든 사람이 다 잘 살 수 있다면 그건 자본주의가 아니다.**

누군가 상위 10%이면 누군가는 하위 10%를 차지하고 있을 수밖에 없다. 운 좋게 저 위에 자리를 잡고 있다고 해서 게으르다고, 노력하지 않았다고, 자본주의 게임의 룰을 이해하지 못했다며 하위 10%에 돌을 던질 수 있을까.

이런 가정하에서 모든 사람이 자본주의 시스템을 이해하고 노력한다면 또다시 상위 10%가 되기 위해 또 다른 방법을 강구하고 추진해야 한다. 그게 잔인한 자본주의 경쟁 논리이다. 그럼 나머지 90%는 불행한 삶, 잘못 산 삶인가? 이제 기존 프레임을 극복할 때가 되었다.

자본주의 시대, 투자가 필연인 시대에 돈을 무시하고 살 수는 없지만 그 이후 프레임도 고민해야 하지 않을까. 그런 시스템 안에서 경제적 자유를 넘어선 진정한 마음의 부를 추구하는 것이 바람직하지 않을까.

돈은 얼마큼 어떻게 벌어야 하나? 지금 재테크 투자 열풍에 대해서 어떻게 생각하는가? 이런 소모적인 논쟁에서 벗어나 이제 '경제적 부'

보다는 '자기의 부'를 만들어가는 것이 중요하지 않을까.

'자기만의 부'라는 것은 어떻게 정의할 수 있을까?

투자자로서의 삶을 시작한 후 많은 것이 바뀌었다. 부의 기준, 자유의 기준도 변했다. 때로는 어느 부자 못지않게 내가 자유인이라고 착각했던 적이 있었다. 자유에 대한 상징적인 의미로 악착같이 도전했던 한달살기도 어쩌면 자본주의 프레임에서 충실하게 경쟁하는 하나의 과시욕일 수도 있다. 경제적 자유를 누리고 있다는 것을 보여주기 위한 자유인 코스프레.

아이러니하게 그런 한달살기 중 우연히 발견한 문구 속에서 깨달음을 얻었다. 투자자로서 삶 이후 롤러코스터처럼 굴곡을 겪은 후 나만의 부, 진정한 자유가 무엇인지를 알려주었다. 진정한 자유를 위해서는 최소한의 임계치를 바탕으로 인생 총합 플러스-마이너스라는 진리를 깨닫고 균형과 중용을 추구하라. 그런 삶의 근간에서 정신적 부를 더 디테일하게 추구하는 행위이고 과정이라는 것을 알았다.

멀고 복잡하게 돌고 돌아 이런 과정에서 깨달음을 주기 위해 신이 내게 주신 우연을 가장한 선물이다.

"Freedom is not free."

"자유는 공짜로 얻어지지 않는다.

경제적 자유인 프로젝트는
현재진행형

경제적 자유인에 대한 생각은 이제 경제적 자유인 프로젝트~ing로 진화하고 있는 중이다.

경제적 + 자유인 + ?

투자 초기, 작은 성취 뒤 어느 정도 먹고 살 정도 경제력도 되고 자유롭게 쓸 수 있는 시간과 여유도 있다고 생각했는데, 더이상 어떤 추가적인 물음표가 필요할까 싶었다. '그냥 계속 이렇게 살아가도 되지 않을까?' 나름 치열하게 부지런하게 살아왔고, 무엇보다 자발적으로 활기차게 사는 내 모습에 대견했는데, 어느새 탈이 나는 순간이 온 것이다.

투자자의 영역에 들어온 이후 궁극적 목적은 경제적 자유인 달성에 초점이 맞추어져 있었다. 설정한 경제적 임계치를 넘어 시간을 자유롭게 누릴 수 있는 자유의 경지에 올라선다는 프레임 하나면 인생 만능이라는 생각이 들었다. 흔히 이 프레임에서 경제적으로 치우치는 일반적인 오류를 벗어나려고 나만의 경제적 자유인에 대한 정의를 균형 있게 세우기 위해 많은 신경을 썼다. 그럼에도 어설픈 투자자 삶 속에 온갖 인생 굴곡을 겪으며 이 프레임에는 치명적인 몇 가지 본질이 빠졌다는 것을 알게 되었다.

- 왜 우리는 경제적 자유를 꿈꾸는가?
- 만약 우리가 갖은 노력을 했음에도 이루지 못한다면 행복하지 못한가?

경제적 자유인은 하나의 프레임으로 내 궁극적 목표가 아니라는 걸 깨달은 순간 내가 꿈꾸는 경제적 자유인을 넘어서야 한다는 걸 알았다. 물론 수차례 강조했지만 경제적 부와 돈에 대한 부정을 말하는 것은 아니다. 단 경제적 자유를 못 이루더라도 우리는 존재 자체만으로 의미가 있는 존재이며 각자 모두가 소중하다.

그럼에도 자유란 단어 앞에 '경제적'이란 장치가 때로는 우리를 옭아맬 수 있다. 경제적 외에도 우리가 추가할 수 있는 자유는 많지만 자본주의가 우리에게 주는 짐인 '경제적'이라는 단어에 우리는 너무 과도하게 얽매어 있었다는 걸 부정하기 힘든 세상이다.

그래서 역설적이게 여전히 나는 경제적 자유인을 꿈꾼다.

단 경제적 자유인은 허상의 이룰 수 없는 꿈일 뿐 어쩌면 평생 '~ing'

라는 것을 인정하면서.

경제적이라는 수식어를 포괄하면서도 초월할 수 있는 인생 더 큰 목표로 '자기 삶을 스스로 선택할 수 있는 균형 잡힌 삶'으로 업그레이드하는 중이다.

경제적 자유인 프로젝트~ing는 꼬리 붙은 물음표를 찾는 과정으로 내 인생 목표를 가장 잘 표현한 상징적 문구로 꾸준하게 다듬고 싶다. 앞에서 언급한 돈과 부 그리고 마음에 대한 나의 생각을 바탕으로 우리 삶이 펼쳐지는 일상이라는 장에서 모든 것을 스스로 선택하되 그 기준은 중용과 균형이다.

일과 생활의 균형을 나타내는 워라밸 못지않게 생활에서도 가족과 나의 균형이 필요하다. 때로는 나를 놓치는 경우도 많다. 경제적 목표를 위한 일에 대한 목표, 그리고 가족을 위한 부분도 분명 필요하지만 순전히 자기 자신을 위한 목표와 그에 따른 시간 배분도 잊지 말자. 생각보다 이 부분을 간과하는 사람이 많다. 자기를 사랑하는 마음을 갖고 오롯이 자기만을 위한 목표도 꼭 배분해야 한다. 어떻게 보면 물음표를 채울 가장 큰 부분은 바로 자기 자신이 아닐까.

이런 각각의 목표는 비슷한 가중치를 부여해서 각 부분 간 경제적인 부분과 정신적인 부분 그리고 자기에 대한 적절한 반영이 되어 진정한 조화가 이루어질 수 있도록 균형 있게 추진되어야 한다.

경제적 부분의 목표 설정은 앞에서 1년에 한 번 정도 해외 한달살기를 할 수 있을 정도와 누굴 만나든 밥은 웃으면서 기꺼이 살 수 있을 정도의 경제적 부는 축적하고 싶다는 정성적인 목표를 밝혔다. 이런 경제적 목표는 열외로 두고 경제적 자유인 프로젝트~ing를 이룰 수 있도록 습관화할 수 있는 것들은 일상에서 꾸준히 연습해야 한다. 흔히 말해 "노는 것도 놀아본 사람이 잘 논다"고 노후 경제적, 체력적, 시간적 여력이 모두 갖추어졌음에도 자유를 누리는 연습을 해본 적이 없는 사람들 삶은 건조할 수밖에 없다. 자유를 누리는 것도 평소에 노력과 연습이 필요하다.

나를 돌아보는 시간: 자유인 프로그램

투자자의 이중생활 이후 자유인을 위한 준비를 위해 나름대로 꾸준하게 연습해오던 것들이 있다. 현재, 순간에 집중하고 일상을 소중하게 누릴 수 있는 나만의 방법들은 다음과 같다.

- 하루를 즐겁게 보내는 방법: 평일 낮 누리기
- 한 달을 즐겁게 보내는 방법: 한달살기
- 한 주를 의미 있게 보내는 방법: Think Week + 부부 워크숍
- 1년을 정리하며: 가족과 함께 해 보내기

일상 속 자유인 루틴화 과정
일과 삶, 나와 가족 간 균형을 찾는 여정, 가장 중요한 것은 '나'

남과 다른 삶을 살고 자유를 누리는 연습을 체험할 수 있는 작은 실천

팁 하나. 평일 하루, 낮에 연차를 내 시간을 내서 두리번거리며 어슬렁거리고 노닥거리기를 추천한다.

평일 낮을 한번 경험하면 또 다른 신세계가 펼쳐진다는 것을 경험하지 못한 사람은 모른다. 오로지 직장에 다니거나 생업에 열중하면 고정된 세계에 자기의 모든 기준이 맞추어져 있다. 평일 낮의 세계를 한번 겪고 나면 조금 과장해서 인생이 바뀔 수도 있다.

자기와는 또 다른 세계가 옆에 있었음을 모르고 산 평생의 시간들이 안타까울 뿐이다. 직장인이라고 왜 못하는가? 연차 하루 내는 것도 눈치를 본다면 그것은 인생을 잘못 산 증거라고 볼 수 있다.

자기 권리인 하루 휴식조차 회사의 눈치를 본다면 안타까울 뿐이다. 평일 연차 내는 것이 무슨 대단한 일이라고 회사, 상사 혹은 행여나 자신에게 느껴지는 불성실함과 죄책감에 대해 불편해하고 찝찝해하는 경우도 많다. 회사에게는 미안하고 자기 인생한테는 미안하지 않은 것인지 죄도 아닌 죄책감으로 1년에 연차 한두 번 안 내고 회사에 충성하는 척하는 직장인들도 많다.

그럼 대체 평일 낮에 무엇을 할까?

언젠가부터 회사를 다닐 때도 그리고 자영업을 시작하면서도 일주일에 하루 정도는 나만의 평일을 누리기 위해 노력했다. 아마 그 시작은 회사를 다닐 때 어느 순간 너무 지쳐서 충동적으로 낸 평일 연차의 마법에 빠진 뒤인 것으로 기억된다. 처음에 평일 경험을 하고 난 후 느낀 것은 감동이라기보다는 일종의 쇼크였다. 그때까지 모든 세상은 회사를 중심으로 모든 세상에는 회사원들만 일하고 사는 세상으로 착각하고 살고 있었다. 내 주위에는 모두 회사원밖에 없었으니까.

그날 평일 연차를 내고 홍대에 가서 튀김 한 접시에 낮술을 먹으면서 지나다니는 사람 구경을 했다. 반나절 동안 머릿속에 번쩍 떠오르는 생각들이 한가득이었다. 어느 순간 수첩을 꺼내들고 메모를 하다가 '우아, 나와 다른 세계에 많은 사람이 살고 있구나'라는 생각이 불현듯 들었다. '도대체 저런 사람들은 어떤 사람들일까? 밥벌이는 제대로 하고 다닐까'에서부터 다양한 사람들과 보이는 풍경 모든 것이 궁금해지기 시작했다.

그 이후 평일 낮에 과천 서울미술관도 가서 보거나 코엑스 박람회도 한번 가보고 혼자 창덕궁 비원에 가서 산책도 하기 시작했다. 그동안 내가 살았던 세계와는 완전 다른 세계였다. 나와는 완전히 다른 삶을 살고 있는 사람들이 널려 있고 그들을 보는 것만으로도 자극이 되었다.

여유로움, 자유로움, 한가로움 평소 내가 꿈꾸던 삶의 모습들이 하나둘씩 보이기 시작했다. 흐릿했던 자유인에 대한 이미지가 조금씩 모습을 갖추어가는 느낌이었다.

자유인의 삶을 꿈꾸는 자는 우선 평일 낮을 한번 즐겨보았으면 좋겠다. 평일 낮 미술관에서 미술작품도 한 번쯤 감상해보고 광장시장에서 빈대떡에 막걸리 낮술도 마셔보거나 시내 카페에 멍 때리면서 앉아 커피나 차를 마셔도 좋다. 대학로에 가서 연극을 한 편 보거나 월드컵 공원 노을공원을 산책하는 것도 좋은 선택이다. 혹은 무작정 홍대 거리를 걷거나 평일 산에 가도 또 다른 느낌을 가질 수 있을 것이다. 당신과 다른 삶을 사는 사람들을 보는 것만으로 자극이 되는 또 다른 세상, 신세계를 접하는 경험이 자유인에 한걸음 나아가는 길이다.

평일 낮, 연차를 내고 무작정 거리를 돌아다녀 보면 자유의 느낌을 한번 맛보았다면, 한 달을 누릴 수 있는 색다른 프로젝트인 한달살기에도 도전할 수 있지 않을까.

평일 누리기에서와 마찬가지로 많은 분이 시간과 비용의 문제로 한달살기는 불가능한 미션 임파서블로 여긴다. 특히 직장인의 경우 비용도 비용이지만 시간을 내는 것에 하루 이틀도 아니고 한 달이라는 긴 기간 직장에서 공백을 부담스럽게 여기는 것도 엄연한 현실이다.

하지만 한달살기는 단지 한 달을 누리는 방법이 아니다. 기획하고 준비하는 1년 내내 설렘을 주는 내가 발견한 일상 최고 이벤트이다. 평일 누리기 그리고 한달살기 역시 한번 정도 도전해보고 그 기쁨을 맛본다면 간절함이 더해질 것이다(한달살기라고 해서 온전히 한 달을 채우는 것을 의미하진 않는다. 직장인 혹은 그 상황에 맞게 한달살기라는 취지에 맞게 자기 상황에 맞는 변형된 한달살기도 할 수 있다. 첫 도전을 가볍게 해보고 자기 포맷에 맞는다면 그때는 알아서들 기획하지 않을까).

나의 경우 하고 싶어서 했고, 해보니 좋았고, 그래서 계속 간절하게 도전하고 있을 뿐이다. 혹시나 한달살기를 했는데 나와 맞지 않는다면? No Problem! 자기에게 맞는 다른 자유인 준비를 하면 된다. 세상에 하고 싶은 게 할 것들은 많다.

1년을 위해 한 주를 의미 있게 보내는 방법으로 Think Week(생각 주간)를 갖는 방법도 있다.

빌 게이츠는 1년에 반드시 한두 주는 어떤 연락도 받지 않고 외딴 별장에 은둔하며 생각에 집중하는 자기 혼자만의 Think Week를 갖는다고 한다. 처음에는 세상에서 가장 바쁜 사람이 한가하게 일주일씩이나 두문불출한다는 사실에 의구심을 가졌다.

경제적 자유인 프로젝트를 추구하면서 이런저런 경험들을 겪어보니 그런 시간들은 반드시 필요하고 얼마나 소중한 것인지 깨닫게 되었다. 그럼에도 불구하고 우리는 1년에 한 주, 52분의 1시간조차 낼 수 없다고 핑계를 대곤 한다.

나 역시 완전히 은폐된 고요한 절대 공간에 나를 밀어 넣고 싶었다. 그런 공간, 절대 고요 속에서 생각이 밀물처럼 머릿속에 밀려드는 경험을 한번 맛보고 싶었다. 그렇게 충동적으로 어느 해 11월 평일에 휴양림 2박 3일 예약을 했다. 그리고 몇 년 동안 루틴화하고 나만의 자유인 프로그램으로 만들었다.

매년 11월 나만의 워크숍 Think week를 기획하고 떠난다. 혼자 가서 올해도 잘 살았나? 올해를 돌아보며 리뷰도 하고 내년에 뭐하고 살지? 브레인 스토밍식으로 내년 계획도 짜고 혼자 온 것에 죄책감 아닌 죄책감이 느껴지면, 12월 부부 워크숍도 준비한다. 무엇보다 아무 생각 없이 숲을 거닐 때 그 황홀함은 뭐라 표현할 수 없다. 11월 늦가을 아니 초겨울 분위기 아무도 없는 평일 낮 숲을 거닐고 있을 때면 이 세상 누구보다 자유롭다. 실오라기 하나 안 걸친 것 같은 절대 자유를 느낄 수 있다.

Think week에서 생각하고 계획했던 내용들을 12월 특별한 1박 2일 부부 워크숍을 기획하여 서로를 공유하기도 한다. 우리 가정 자산 현황 그리고 올해 살림살이 잘했는지 재무에 대한 체크도 공유하고, 무엇보다 잘살고 있는지에 대한 각자 그리고 우리에 대한 크로스 체크가 이루어진다.

1년을 마무리하는 마지막 날 12월 31일은 우리 가족만의 '해 보내기' 행사를 조촐하게 진행한다. 예전 모 칼럼에서 읽은 글 중 한 해 마지막 날은 특별한 장소에서 가족들과 시간을 보낸다는 것을 읽고 우리 가족이 벤치마킹하였다. 매년 마지막 날 조금은 특별한 장소에서 모든 가족이 모여 맛있는 저녁 식사를 하고 옹기종기 모여 다과 및 간담회 수준으로 그해를 돌아보고 내년 본인과 가족의 이슈를 공유한다. 그렇게 처음 제주에서 특별한 '해 보내기' 행사를 시작으로 어쩌다 보니 해 보내기 할 시점에 호주 골든코스트, 미국 샌디에이고 등 해외 한달 살기를 하면서 정말 특별한 곳에서 해 보내기 행사를 하기도 하였다.

'해 보내기' 행사라고 하여 거창한 것은 아니지만 특별한 파티로 격상시켜 우리 가족만의 전통이 된 행사이다(1호, 2호 어릴 초기에는 장기자랑도 했는데 요즘은 서로 쑥스러워 생략한다). 말로만 하면 조금 느슨해지기 때문에 간단한 보드지를 준비하여 각자 목표 및 가족들에게 바라는 목표를 롤플레잉 형식으로 돌아가면서 쓴다. 그렇게 만들어진 가족 각자의 목표와 가족 구성원이 자기에게 바라는 것들이 적힌 한 장의 기록들은 집 거실 게시판에 1년 내내 걸려 있다. 사실 그렇게 대단한 것은 아니지만 쌓아간다는 데 의미가 있다. 전통이라는 것은 거창해 보여도 어쩌면 해마다 한 칸씩 쌓여가면서 자리를 잡는다. 이것이 인생의 복리 효과 아닐까?

1년을 마무리하는 해 보내기 행사 때 나는 올해의 가족앨범(20XX STORY)을 만들어서 가족들에게 선물로 준다. 스마트폰이 보편화하면서 훨씬 많은 사진을 찍어대지만 예전 필름시대보다 오히려 사진이 더 방치된 채 보지도 않고 쌓이는 역설의 시대이다. 나름 매년 꾸준하게 이렇게 앨범을 만들어 추억을 공유하다 보니 가족 최고의 자산목록이 되는 것 같다. 매년 12월, 1년 동안 찍어놓은 사진들을 바라보면서 올 한해가 파노라마처럼 쭉 펼쳐지면서 가족과의 추억과 일상을 공유한다. 수천 장의 사진들을 정리하다 보면 인생의 어떤 장면들은 이번이 마지막 조우일 수도 있을 것 같다는 비장한 생각까지 들고 더 집중하게 된다. 때론 우리 삶에 생명을 불어넣는 인생의 정리작업이라는 거창한 사명감까지 들기도 한다. 2012 STORY부터 2021 STORY 가족 앨범 그리고 번외편 한달살기 앨범(제주, 호주, 미국 서부, 미국 동부, 바르셀로나)까지 벌써 15권의 가족 앨범이 쌓여 있다.

평일 누리기(평일 낮 연차), 한달 누리기(한달살기), 한 주 누리기Think week 그리고 1년을 정리하는 해 보내기 행사까지….

이렇게 하루, 한 달, 한 주의 시간을 일부러 내는 것이 정말 어렵다면 일상 속에서 자유를 실천하는 또 하나의 팁은 일상에서 소소하게나마 경제적 자유인 프로젝트~ing를 실천하는 것이다.

Think week가 어렵다면 이것을 일상으로 연장하여 Think Time이나 Think Day 정도는 가능하지 않을까. 앞에서 말한 하루 연차 내기 혹은 하루 멍 때리는 자기만의 시간을 갖고 매일 자기 사색의 시간을 확보해보는 것, 하루 중 5~30분이라도 나만을 위한 산책 시간을 가져보는 것이다. 자유인을 위한 첫걸음이다.

아무리 바쁘다 해도, 악마 같은 상사가 괴롭히는 월급쟁이라고 해도 하루 정도는 연차를 낼 정도의 여유와 능력은 가져야 하고 1년에 자기를 돌아볼 수 있는 최소한의 시간 정도는 확보해야 경제적 자유인에 한 걸음 다가설 수 있다.

• 퇴근 후 집에 들어가기 전 주변 공원 산책 후 들어가기(30분)
• 점심 식사 후 자기만의 시간 갖기(10분)
• 자기 전 명상(5분)

몇 년간 조금씩 축적되며 발전시키고 있는 나만의, 아니 누구나 할 수 있는 자유인 프로그램.

하루, 한 주, 한 달, 1년이 모여 우리의 삶이 된다.

인생 그래프는
1차 함수가 아니라 2차 함수

평일 누리기, Think Week, 한달살기. 정말 돈이 없고 단지 시간이 없어서 못 하는 걸까?

혹시 아직은 경제적 자유인에 대해 그리 간절하지 않은 것은 아닐까. 경제적 부를 이루고 나서 그때 가도 자유는 충분히 누릴 수 있다고 생각하는 사람들이 많다.

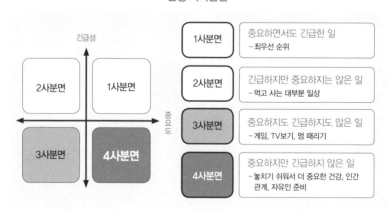

인생 사사분면

1사분면	중요하면서도 긴급한 일 - 최우선 순위
2사분면	긴급하지만 중요하지는 않은 일 - 먹고 사는 대부분 일상
3사분면	중요하지도 긴급하지도 않은 일 - 게임, TV보기, 멍 때리기
4사분면	중요하지만 긴급하지 않은 일 - 놓치기 쉬워서 더 중요한 건강, 인간 관계, 자유인 준비

1사분면: 중요하면서 긴급한 일 – 최우선순위

2사분면: 긴급하지만 중요하지는 않은 일 – 대부분의 먹고 사는 일상

3사분면: 중요하지도 긴급하지도 않은 일 – 게임이나 TV보기

4사분면: 중요하지만 긴급하지 않은 일

대부분의 자기계발서에서 강조하는 사면은 1사분면이다. 하지만 자유를 준비하는 우리에게 1사분면 못지않게 모든 사면은 여러 의미를 부여한다. 인생의 4사분면은 긴급하지 않지만 중요한 일들이다. 그런 것들에 무슨 일이 있을까. 우리가 평소에는 그 소중함을 모르다가 잃고 나서 깨닫는 것들이 대부분이 이 영역에 속해 있다. 대표적인 것이 건강이다. 그리고 일상이나 인간관계 여기서 또 하나 추가할 부분은 자유인에 대한 준비이다. 당장 급하진 않지만 그래서 놓치기 쉬워서 더욱더 중요한 일들, 앞에서 얘기했던 평일을 누리는 연습, 한달살기를 해보는 도전 등이다.

그런데 2사분면과 3사분면은 때로는 무시하고 간과하기 쉬운 영역이다. 긴급하지도 중요하지도 않는 것들, 그리고 습관적으로 행해지는 일어나서 먹고 자면서 보내는 무심코 지나가는 일상의 시간들이다. 하지만 없으면 안 되는 생존의 시간들이다.

어쩌면 없어도 그만인 시간으로 취급받던 3사분면은 때로는 결정적인 순간에 그 진가를 드러낼 경우가 있다. 멍 때리는 시간, 사색하는 시간, 때로는 TV를 보며 의미 없이 보내는 시간들도 어찌 보면 3사분

면과 4사분면의 사이 그 경계가 아닐까. 사색하고 산책하고 명상하는 시간들은 자유를 준비하는 우리가 간과해서는 안 되는 영역이다.

우리 삶에서 허투루 보낼 수 있는 시간과 일들은 없다. 무의미한 것 같아도 중요하지 않은 시간은 없다. 모든 시간은 특별하다.

욕심과 욕망 사이 탐욕을 억제하고 중용과 균형을 추구하고 통찰력을 얻기 위해 지금 우리에게 필요한 시간은 어쩌면 3사분면이다. 무심코 없는 듯 간과되던 그 시간을 되찾는 것이 경제적 프로젝트~ing의

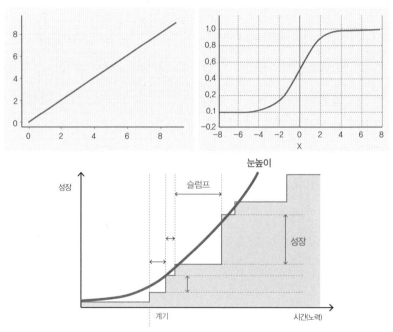

인생 그래프는 1차 방정식이 아니라 2차 함수이다. 아니, n차 함수이다. 그리고 굴곡은 있지만 결국은 우상향한다.

핵심이다.

혹시 1차 방정식, 2차 함수 공식을 기억하는가?

삶도 그렇고 투자도 그렇고 삶의 공식도 1차 함수가 아니라 2차 함수이다. 아니, 2차 함수를 뛰어넘는 다차 방정식이다. 하지만 잊지 말아야 할 것은 조금의 굴곡은 있지만 길게 보면 우상향 그래프이다. 그래프를 확대하면 앞에서 말한 계단을 넘어가는 순간들을 볼 수 있다. 앞에서 말한 경험치의 합이 폭발하는 순간, 깨달음의 시간을 얻는다. 인생 그래프는 이런 계단식 그래프가 조금씩 모여 조금씩 올라가고 있는 N차 방정식이다.

인생은 교집합이 아니라
여집합이다

　살아가면서 우리 주위 고수나 멘토 혹은 인생을 바꾸게 하는 한 권의 책, 인생 강연을 통해서 삶의 원칙과 기준을 세워보기도 한다. 어느 순간, 주위에는 숨은 고수들도 너무나 많고 그들로부터 배우고 받아들여 할 삶의 메시지들이 너무나 많다는 걸 알게 되었다. 그리고 그

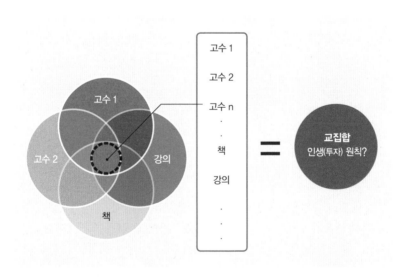

런 것들을 하나하나 받아들이고, 그에 대한 공통된 것들을 뽑아내어 따라 한다면 조금은 더 풍요롭게 인생을 만들 수 있지 않을까 생각하기도 하였다.

그런 메시지들의 교집합을 내 인생에 접목한다면 어떨까?
내가 꿈꾸는 경제적 자유인에 더 가까워지지 않을까 하는 막연한 기대가 있었다. 한참 때 부지런히 모든 강의와 세미나 모임을 섭렵하고 다니며 분야 가리지 않고 많은 책을 읽은 이유이기도 하였다.

그런데 어느 순간 알았다. 공통된 교집합보다 훨씬 더 큰 부분이 바로 곁에 있다는 사실을 말이다. 인생이 교집합이 아니라 여집합이다 (전체집합에서 주어진 집합의 원소를 제외한 원소들의 집합을 말한다. 기호로 A^c로 표시한다). 여백의 훨씬 더 큰 부분이 진짜 인생이라는 것을, 내가 채워야 할 부분이라는 것을 깨달았다.

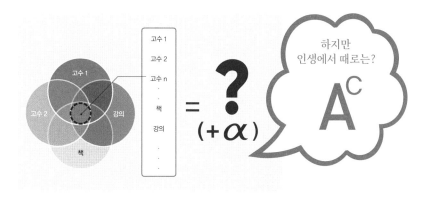

때로는 교집합보다 여집합을 택할 수 있는 용기가 있어야 한다는 것을 알았다.

경제적 + 자유인 + ?

비로소 추가적인 물음표 부분에 대한 힌트를 찾았다. 결국 나를 어떻게 채우느냐의 문제이다.

$? = A^c = 나$

어느 순간 내가 아닌 그저 세상의 기준으로 좋은 것들로만 채우려는 내가 있었다. 거기에 나는 없었다. 나를 잃어버린 것도 모르고 그저 맹신하며 어설픈 투자, 설익은 삶의 여정을 조급하게 좇았던 내가 떠올랐다.

경제적 자유인 프로젝트~ing는 경제나 자유나 어떤 프레임에 매이지 않고 나를 찾는 지난한 과정이다. 나다운 것에 편견을 갖지 말고 끊임없이 나를 들여다보고 때로는 나답게 사는 것만을 고집하지는 않는다. '?'를 무엇으로 채울지 어떻게 채울지 대한 사유의 결론은 결국 '? = 나'였다.

인생 4사분면 어느 순간, 내 인생 소중하지 않은 순간이 없다. 결국은 모든 것은 나로 인해, 그리고 나라는 것을 살아보니 알겠더라.

본질이 그렇듯이
．．　．．．．
삶은 단순했다.

경제적 자유인 프로젝트~ing

1. 일상에서 자유인 프로세스 루틴화 과정으로 일과 삶, 나와 가족 간 균형을 찾는 여정, 가장 중요한 것은 '나'

2. 분자의 삶에 집중하는 대신 분모를 줄일 수 있는 삶(의식의 전환)

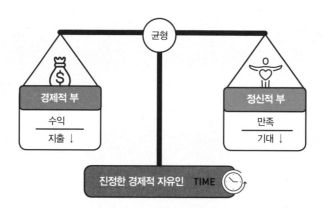

3. 경제적 자유를 위한 삼위일체 실천법(텐인텐 주인장)

육체적인 것은 코어 근육을 잘 키우고, 정신적인 것은 마음 공부, 자신의 코어인 지존감을 잘 지키는 것이다. 두 가지 핵심 코어와 더불어 물질적인 측면에서 현금흐름(경제적 자유)을 만들어 삼위일체를 이루면 삶이 주는 어떠한 파도에서도 내 삶을 온전하게 지켜낼 수 있다.

육체 코어(걷기) + 정신적 코어(명상, 독서, 사색) + 물질적 측면(욕심을 줄인 최소한 현금흐름 시스템) = 자기 중심

경제적 자유인 프로젝트~Ing 삼위일체

각 핵심 코어 기르기
- 육체 코어 – 걷기
- 정신 코어 – 사색, 독서
- 물질적 코어 – 현금흐름

4. 모든 사람이 인정하는 성공 스토리가 아닌 자신만의 스토리를 써가는 것

자유로워지기 위한 마음 수련, 인생에서 멘탈 관리는 경제적 부의 추구 못지않게 중요하고 꾸준하게 연습이 필요하다.

경제적 자유를 추구하되 그 프레임에 맹목적으로 빠지지 말고 과정(지금, 현재, 순간)에 집중하고 즐기는 법을 연습하자. 그 과정을 즐기는 것은 단지 나를 찾는 연습, 생각하는 것 이상 단순한 것이 우리네 삶이다.

5. 경제적 자유인

경자 열풍에서 한 발짝 물러나 바라보며 진정 자유로운 것에 고민과 연습, 사색을 통해 결국 자기를 지키는 것, 자기를 찾아가는 것이다.

당신이 있어 투자가 있고 삶이 있다

"그는 인생을 남들과는 다르게 살 줄 아는 능력이 있습니다.

이건 대단히 큰 능력입니다. 왜냐하면 일반적인 사람들과 다르게 살 경우, 대부분의 사람은 불안해하거든요.

그 불안함을 넘어 자신만의 삶의 원칙을 만들어가는 그를 보며 오랜만에 감동이라는 것을 느낄 수가 있었습니다."

부동산 전문가, 인플루언서로 알려진 빠숑 님이 블로그에 남긴 글이다. 여기서 '그'는 기고만장한 시절의 '나'이다. 초기 '월급쟁이 부자들' 카페 스터디에서 내 발표를 보고 블로그에 나를 소개하면서 올린 글이다.

'과연 난 지금도 이 극찬에 어울리는 투자자로 살고 있는가?'에 대한 자문을 하면 어쩔 수 없이 머리를 가로 저을 수밖에 없다. 그 후 어설픈 투자로 인한 마음의 상처들을 그대로 안고 있다.

투자를 잘했다고 할 순 없지만 남과 다르게 특별하게 한 건 맞다. 그토록 강조했던 기본을 지키지 않아 성과는 좋지 않았지만 그래도 후회하지 않는 이유는 나를 지켰다. 사실 아무 후회가 없었다고 하면 거짓말일 것이다. 부동산 대세 상승기 돈 벌기 아주 좋은 시기, 다른 사람들처럼 갭투자, 찍어준 것들에 100분의 1만 투자했어도 많은 돈을 벌었을 것이다. 하지만 복기해보면 난 그 순간에 다시 돌아가도 비슷한 결정을 내렸을 것이다.

나만의 기준이 어느 정도 있었다. 남과 다른 길을 가고 싶었고 갔다. 때로는 많은 유혹도 있었고, 솔직히 솔깃 끌려 어이없는 투자를 한 적도 있다. 찍어주기 강의나 조언을 통해 산 것도 있다. 그래도 핵심은 남과 달랐다는 것이다. 그게 흔히 말하는 '나'라는 정체성이다.

남과 다른 길을 가는 것이 인생이나 투자 어느 분야에 있어 본질이다. 힘들지만 철저하게 자신만의 기준을 갖고 남과 다른 길을 간다면 언젠가는 결과도 따라온다. 선뜻 대중들은 두려움 때문에 주저하면서 그런 기회들을 놓친다. 물론 그런 두려움을 극복하기 위해서 철저한 준비가 필요하다. 리스크와 두려움도 생각 외로 크지 않다. 기본을 지켜가는 것이 준비이고, 리스크와 두려움을 줄이기 위한 과정이다.

남과 다른 삶을 사는 것을 두려워하지 말자. 잘하는 것이 아니고 다르게 사는 것만으로 큰 능력이 되는 시대이다. 때로는 남과 다른 역주행이 필요한 것이 인생이고 투자이다. 삶에도 투자에도 정답은 없다. 자기 스스로 결정을 하면 후회는 없다.

난 성공한 투자자가 아니다. 현명한 투자자를 꿈 꾸지만 아직도 어설픈 투자자이다. 이 책은 다른 책처럼 투자 매뉴얼을 제시하고 돈을 버는 방법을 구체적으로 알려주지는 않는다. 하지만 나중에 돈을 벌면서 생길 수 있는 마음의 상처를 치유하고 해결책을 찾는 데는 분명히 도움이 되고 위로가 될 것이다.

우리가 추구하는 경제적 자유인은 우리 마음속 파랑새이다. 나 역시 투자자의 삶 이전 예전처럼 "돈이 중요하지 않다"라고 말할 자신은 없다. 내가 기준으로 하는 부를 이루기 위해 어설픈 투자를 벗어나 기본을 지키며 노력하고 있는 과정 중에 있다. 경제적 자유인 프로젝트~ing 라는 평생 여정으로 이룰 수 없는 꿈을 꾸고 있다.

이 책을 읽는 모든 분이 경제적 자유를 추구하되 혹시 힘들고 달성하지 못하더라도 인생을 즐겁게 누렸으면 좋겠다. 목표를 달성하지 못했더라도 혹시나 10%가 아닌 90%의 삶을 살더라도 우리는 모두 가치가 있고 특별하다는 것을 잊지 말길 바란다.

자본주의를 이해하고 극복하기 위해 최소 임계치를 확보하고 노력해서 그 단계까지 올라간 사람, 노력에도 불구하고 임계치 확보에 실패한 사람, 임계치에 다다를 노력조차 등한시한 사람 모두가 자본주의 시스템 안에서 어울려 살고 있다. 어쩌면 나도 상위 1% 슈퍼 리치가 될 수도 있고 혹은 피치 못한 사연으로 하위 10%가 될 수도 있다. 누군가는 매일 가슴 설레는 사자의 삶을 살고 누군가는 냉혹한 자본주의에 적응하지 못한 찌든 평범한 낙타의 삶을 살 수도 있다. 그렇다고 불행해야 할 이유는 없다.

경제적 자유인을 추구하지만 설사 경제적 자유를 못 이루더라도 상관없다. 우리는 존재만으로도 충분히 소중하다. 각자는 모두 의미가 있다.

호주 국립박물관The Australian Meseum 입구에는 "Welcome to the life"이라는 제목의 환영 문구가 있다. 시드니 한달살기 중 방문한 박물관 서문이 보고 머리가 띵할 정도로 감동했던 기억이 있다. 박물관 서문이 이렇게 철학적으로 멋있게 쓰여도 되나. 정확하게는 기억하지 못하지만 내 식대로 해석된 것을 옮기면 이렇다.

"지구상의 모든 삶(라이프)은 어디서나 의미를 부여하며 존재한다.
자기만의 존재의 가치를 가지고, 우린 모두 다르고 의미 있다."

투자에서 실패해도 괜찮다. 인생을 실패한 것이 아니라고 말하고 싶다. 모든 것은 특별하다. 당신 또한 수만 광년 우주로부터 지구별 여행자로 초대받은 특별한 사람이다. 당신은 유일하기 때문에 당신보다 더 나은 사람은 존재하지 않는다.

당신이 있어 투자가 있고 삶이 있다.

부록

투자 공부를 처음 하는 왕초보에게
초보가 추천하는 책과 커뮤니티 카페

많은 자기계발서나 투자 재테크 책 부록에는 저자 나름대로 추천도서들을 제공한다. 거의 대부분 공통분모로 들어가는 책들도 있고 저자의 가치관이나 스타일이 도드라지는 책 추천도 있어 그것만으로 글 쓰는 스타일이나 성향을 엿볼 수 있는 것도 흥미롭다.

다시 한번 강조하면 투자 관련 책만 읽는 편식에서 벗어나길 바란다. 인사이트라고 불리는 통찰력, 안목은 여러 분야 융합을 통해서 발현된다. 투자, 재테크, 부동산 외 책들을 카테고리로 나누어서 소개하는 이유이다.

크게 투자 일반에 관한 책들과 부동산에 관한 책 그리고 부동산 책은 아파트, 주택 위주 기본서와 그 외 부동산 각 분야별로 나누었다. 초보 투자자에게 가장 무난한 아파트 투자시장을 다룬 기본서들이 수적으로 제일 많다. 부동산 입문자에게 필요한 매수에서 매도까지 과정, 기본 지식과 정보뿐만 아니라 사례와 마인드 형성에 관한 내용 등 부동산 기본에 충실한 내용들을 많이 담고 있다. 처음 공부할 때는 이런 책들을 집중하여 읽으면 대략 감이 잡히고 반복되는 내용들이 많다. 공통점(교집합)들을 뽑고 여러 권을 여러 번 숙독하여 자기만의 노트를 만들어 활용하면 비교적 빠른 기간에 부동산 기초지식을 습득할 수 있다.

그 외 토지, 상가, 세금 등 부동산 다른 여러 분야의 책도 다양한 분야로 관심을 확장하는 데 도움이 된다. 아무래도 기본 책들보다는 전문분야들이어서 수적으로 미흡하지만 예전에 비해서는 좀 더 전문적이고 세부적으로 확장되고 있다. 상가나 토지는 관심이 많으면서도 생각보다 실행하기 쉽지 않은 분야, 즉 출판사 입장에서도 대중적, 상업적 리스크를 갖고 있어서 보수적으로 출판하는 경향이 있다.

부동산 지식에 인문학적 소양이 배경이 더하면 향후 투자 안목을 넓힐 수 있다. 《서울 도시 계획 이야기》 1~5는 예전 강남 개발 이전부터 해당 업무를 담당했던 전 서울시 공무원 저자가 쓴 책이다. 저자의 서울계획과 집행 야사와 맛깔 나는 글체가 어울려 소설처럼 읽는 재미가 있다. 직접적인 도움이 되기보다는 향후 서울 부동산 투자 배경 지식을 더해줄 것이다.

부동산 책들 경우 워낙 시시각각 변경되는 사항들이 많아서 최근 출판된 책을 보는 것이 좋다. 부동산을 비롯한 투자 재테크서의 특성상 수차례 개정되는 책이 많다. 연식이 오랜 책들은 초보가 읽으면 감이 안 오는 경우가 있다. 읽어보면서 핵심 기본원리들을 뽑아내고 지난 사례들은 걸러서 볼 수 있는 안목도 길러야 한다.

단, 비슷한 내용 책들 경우 저자 초기 책들을 보면 도움이 된다. 모든 사람에게 처음의 중요성은 각별하다. 자신 모든 것을 아낌없이 쏟아붓고 녹아있는 것이 저자들이 처음 출간하는 책이다. 때로는 절판된 책들도 있다. 중고서점에서 구입하거나 도서관에서 빌려보면 된다.

개인적으로 겉모습은 재테크 책인 듯싶지만 인문과학서 성향을 띠고 있는 투자 철학서들을 좋아한다. 투자에 앞서 마인드와 안목을 갖출 수 있도록 동기를 부여한 시골의사 출신 가치투자 전문가 박경철 원장 책, 미국에서 자수성가하여 슈퍼 리치 반열에 오른 김승호 회장 책을 추천하는 이유이다. 재테크 분야 고전 서적 《부자 아빠, 가난한 아빠》는 투자를 시작하지 않았던 생초보에게 완전 새로운 개념을 제공하고 동기를 부여한다.

EBS에서 다큐멘터리로 만든 시리즈물 〈자본주의〉는 영상으로 보면 이해가 더

빠를 수도 있다. 자본주의 시대 살고 있는 우리가 자본주의 시스템에 대한 이해가 선행돼야 투자의 기본을 갖출 수 있다. 그런 의미로 돈과 부에 관한 책 《부의 추월차선》, 《보도쉐퍼의 돈》 역시 가볍지만 묵직하게 읽을 책들이다.

무엇보다 아직 난 성공한 투자자라기보다는 아직 영글어가고 투자 외에도 인문, 자연과학 다양한 곳에 호기심이 있는 별난 투자자이다. 다양한 분야 관심은 언젠가 서로 연결되어 투자에도 많은 도움이 될 수 있을 것이라 확신한다. 인문, 사회, 자연과학 및 에세이 등도 추천 하는 이유이다.

투자와 직접적 관련은 없지만 추천하는 책
대표적으로 인생 책인 《여덟 단어》와 《코스모스》

예전 유명 미디어 광고 열 개 중 세 개는 이분 카피(그녀의 자전거가 내 가슴속으로 들어왔다, 나이는 숫자에 불과하다, 사람을 향합니다 등)였던 박웅현 대표가 쓴 《여덟 단어》는 한때 웅현앓이를 할 만큼 너무나 깊은 인상을 받은 책이다. 여덟 단어로 인생을 대하는 자세를 압축하여 강연자료를 모아 출간한 책이다. 이 책을 읽는 순간 머리에 도끼를 맞은 듯한 충격을 받았다.

《코스모스》는 세계적인 천문학자 칼 세이건이 우주, 별에 대해 쓴 자연과학 서적이다. 과학과는 어릴 때부터 담을 쌓고 살아서 이해하는 데 많은 어려움이 있었지만 책을 읽는 방법, 태도를 연습하게 해주었다. 무엇보다 자연과학서로 포장한 심오한 철학서라는 생각이 들었다. 좋은 책들을 읽다 보면 결국 극에서 극은 연결되고 통한다.

매년 10월 말 서울대 소비 트렌드 분석센터에서 올해 트렌드 분석 및 익년 트렌드를 예측하여 《트렌드코리아》 시리즈 책을 출간한다. 투자를 잘하기 위해서는 곁에서 흘러가는 사회 트렌드를 아는 것, 아이디어 차원에서 매년 읽으면 좋다.

투자는 결국 인생을 풍요롭게 하기 위한 수단이다.

와와's 추천도서

투자 일반
《자본주의》, EBS제작팀, 가나, 2014
《시골의사의 부자경제학》, 박경철, 리더스북, 2011
《시골의사의 주식투자란 무엇인가》, 박경철,, 리더스북, 2008
《레버리지》, 롭 무어, 다산북스, 2019
《진짜부자 가짜부자》, 사경인, 더클래스, 2020
《부의 추월차선》, 엠제이 드마코, 토트, 2017
《돈의 속성》, 김승호, 스노우폭스북스, 2020
《보도 섀퍼의 돈》, 보도 섀퍼, 북플러스, 2003
《부자사전》1,2 , 허영만, 위즈덤하우스, 2005
《부자아빠, 가난한아빠》1,2, 로버트 기요사키, 민음인, 1997?
《동업하라》, 신용한, 21세기북스, 2012

사회 일반
《여덟단어》, 박웅현, 북하우스, 2013
《코스모스》, 칼 세이건, 사이언스북스, 2004
《트렌드코리아 시리즈》, 서울대소비트렌드 분석센터(김난도 등), 매년
《알면서도 알지 못하는 것들》, 김승호, 스노우폭스북스, 2017
《화성에서 온 남자, 금성에서 온 여자》, 존 그레이, 동녘라이프,2004
《행복을 풀다》, 모 가댓, 한국경제신문, 2017
《데일 카네기 인간관계론》, 데일 카네기, 2015, 미래지식

부동산(아파트/주택) 일반

《김학렬의 부동산 투자 절대원칙》, 김학렬(빠숑), 에프엔미디어, 2022

《월급쟁이 부자로 은퇴하라》, 김병철(너나위), RHK , 2022 개정판

《부동산 투자로 진짜 인생이 시작됐다》, 허미숙(앨리스허), RHK, 2020

《나는 오늘도 경제적 자유를 꿈꾼다》, 유광열(청울림), RHK, 2018

《부동산 투자의 정석》, 김원철, 알키, 2016

《나는 부동산과 맞벌이한다》, 너바나, 알키, 2015

부동산 각론

교통망, 세금, 지식산업센터 등 세부 관련 서적도 추천하려고 했지만 해당 부동산 특성상 정책이나 유행이 많이 바뀌어 연식이 지나면 책의 효용가치가 많이 떨어져 별도 선정하지는 않았다. 각론 책은 처음에는 관심 분야별로 쉬운 책으로 시작하는 것이 좋다.

상가

《대한민국 상가투자지도 》, 김종율(옥탑방보보스), 한국경제신문사, 2020

《서울휘의 월급 받는 알짜상가에 투자해라》, 배용환(서울휘), 국일경제연구소,2018

토지

《대체불가 토지 투자법》, 양안성(시루), 다온북스, 2022

《대한민국 땅따먹기》, 서상하(풀하우스), 지혜로, 2019

학군

《심정섭의 대한민국 학군지도 》, 심정섭, 진서원, 2019

《나는 부동산으로 아이 학비 번다》, 이주현(월천대사), 알키, 2017

재개발/재건축

《대한민국 재건축 재개발 지도》, 정지영(아임해피), 다산북스, 2021

《한권으로 끝내는 돈되는 재건축, 재개발》, 이정열(열정이 넘쳐), 잇콘, 2017

기타

《아는 만큼 당첨되는 청약의 기술》, 정숙희(열정로즈), 길벗, 2022 개정판

《지성의 돈되는 1인 부동산 법인》, 지성, 잇콘, 2022 개정판

《대한민국 역세권 투자지도》, 표찬(벤더빌트), 2021

《교통망도 모르면서 부동산 투자를 한다고?》, IGO빡시다, 잇콘, 2018

《부동산 인테리어》, 남경엽(송도부자), 아라크네, 2018

《마흔살 행복한 부자아빠》, 아파테이아, 길벗, 2012

《서울 도시계획 이야기》, 1~5, 손정목, 한울, 2020 개정판

투자 공부(부동산)를 처음 하는 이에게 유용한 카페/모임

회원 수 50만 명 내외

부동산 스터디 https://cafe.naver.com/jaegebal

텐인텐(10in10) https://cafe.daum.net/10in10

월급쟁이 부자들 https://cafe.naver.com/wecando7

월급쟁이 재테크 연구카페 https://cafe.naver.com/onepieceholicplus

회원 수 30만 명 이하

짠돌이 부자되기 https://cafe.naver.com/engmstudy

행복재테크 https://cafe.naver.com/mkas1

다꿈스쿨 https://cafe.naver.com/dreamagainschool

부동산 스케치북 https://cafe.naver.com/pkms005

골목대장 발품 카페 https://cafe.naver.com/fieldlearning

북극성 부동산 재테크 https://cafe.naver.com/polarisauction

수원마스터경매학원 https://cafe.naver.com/annauction

* 재테크 카페 중 부동산 위주로 선정, 카페의 성격상 개인추천보다는 회원 수 기준으로
  추천

슬기로운 노후생활을 위한 재무플랜

경제적으로 걱정하지 않는 노후비결 Tip

우리가 본업 외 재테크까지 하며 재산을 모으는 이유는 무엇일까? 크게 두 가지 이유이다.

첫째, 노후대비 생활비, 특히 의료비를 감안한 노후비용이다.

둘째, 자녀 대상 상속과 증여를 최대한 많이 하려고 한다. 자녀가 안정적으로 독립할 수 있도록 최대한 지원하는 것이 다른 나라와는 다른 한국의 현실이다. 아직도 한국에선 부모가 자식에게 집 한 채 정도는 물려줘야 한다는 뿌리 깊은 사상이 머리에 자리 잡고 있다.

이 정도 목표를 욕심이라고 치부하는 것은 아니다. 나 역시 그 정도 경제적 능력을 갖추기 위해 최선을 다해 노력하고 있다. 하지만 계속 얘기하지만 그 기준과 정도의 문제이다. 대부분 그 목표 정도가 과하게 설정되는 경향들이 있다. 명확한 기준보다는 다다익선이라고 최대한 많이 모으고 물려주기 위해 욕심을 갖고 있다. 그 욕심으로 인해 일상을 희생하고 많은 스트레스 환경에 노출되어 있는 것이 현실이다.

주위를 둘러보면 미래 준비를 너무 안이하게 생각하는 경우도 있지만 예상 외로 노후 걱정을 할 필요가 없는 분들이 과도한 우려로 현재를 희생하고 있는 경우도 많다. 기대 수준을 낮추고 목표도 낮출 필요가 있다. 일단 욕심을 버리면 조금 편하다.

정량적 목표와 더불어 정성적 목표를 설정하면 현실감도 생기고 미래를 설계하는 데 도움이 된다.

와와가 제시하는 슬기로운 노후생활 꿀팁 공개(경제적 version)
실제 재무 목표를 갖고 계획으로 운영하는 사례를 재가공하여 제시하였다.

1. 노후 비용
① **생활비(월세 흐름) = 국민연금(최대 수익률) + 퇴직연금 + 주택연금(자식 상속용 x) + α**

α = 농지연금 + 투자 경험 소액 월세 흐름 구축

② **의료비 = 상해 및 질병보험으로 커버(실손보험은 50대 중반까지만 추천)**

*많은 분이 보험에 대한 편견, 선입관을 갖고 있다. 나 역시 보험은 비용이라는 생각이 강했다. 40 중반을 넘어가면서 건강은 가장 큰 이슈가 된다. 주위를 둘러보면 자녀를 독립시키고 난 후 노후 가장 큰 목돈은 대부분은 의료비다. 건강하면 좋겠지만 만일을 대비해 미리 준비해야 한다. 젊을 때 그렇게 거부감을 갖던 보험이 빛을 발할 때는 바로 노후이다. 대부분 실손보험은 매년 갱신보험료가 청구되고 어느 시점 보험비용이 커지기 때문에 수술과 진단비 보장이 되는 상해나 질병보장이 되는 보험으로 리밸런싱하는 것을 추천한다. 특히 최근에는 수술비와 치료비뿐만 아니라 간병비 부담 또한 만만치가 않다. 하지만 간병보험은 가성비가 좋지 않아 추천하지는 않는다. 간병보험보다는 진단비나 수술 보장료를 높이는 특약을 추천한다. 이런 월 보험료는 자녀 양육 시 교육비의 10분의 1 정도밖에 안 된다. 노후 만일의 경우를 대비하여 이런 비용은 아끼지 않았으면 좋겠다.

우리가 이렇게 유익한 보험 시스템에 거부감을 갖는 이유는 역시 사람이다.

일부 보험설계사들 혹은 전문적이지 않는 지인 보험설계사들이 추천한 보험을 계약하고 막상 일이 닥쳤을 때 제대로 된 보상을 받지 못해 낭패를 당한 경험을 한 사람들을 심심치 않게 본다. 고객보다는 수수료에 더 관심을 갖고 보험 상품을 추천, 혹은 전문적이지 못해서 일어나는 일들이다. 보험꾼보다는 진짜 설계사를 제대로 만나면 노후에 진짜 찾아가서 절 할 정도로 도움이 되고 감사할 것이다. 인복은 좋은 편이라 그런 진짜 설계사들을 몇 알고 있다. 주위 다양한 분야 관심을 갖고 다양한 모임에 적극적으로 참석하다 보면 필요한 때 조언을 구할 수 있는 우리 주위 다양한 분야 멘토들을 알게 된다.

노후생활 재무 플랜

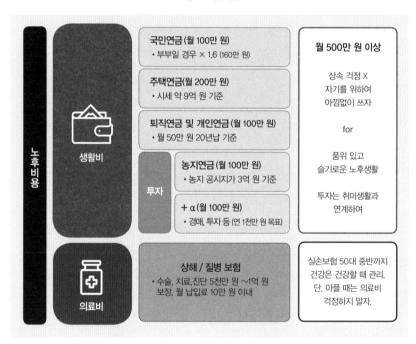

2. 자녀 증여(상속): 30년 플랜(step by step)

① 자녀 만 30세 총 9,000만 원 무상증여

출산(만 0세) : 2,000만 원, 만 10세 : 2,000만 원, 만 20세 5,000만 원

• 현재 무상증여는 10년간 미성년 2,000만 원, 성년 5,000만 원, 현재 증여금
  액 상향 법 추진 중

② 9,000만 원 → 3억 + α로 불리기

30년 투자 기간(복리 효과) + 투자 내공이면 충분 ⇒ 연 수익률 8% 목표

연 수익률 8~10% 목표 (투자법 예시)

  *해외 우량주식 투자, 배당주 투자, 4차 산업 관련 리츠, 우량 ETF 투자 등

• 미래유망산업 – 현재 2차전지, 전기차, 클라우드 서비스 등(like 저축)

가격 신경 쓰지 말고 저축하듯이 적립(분산투자, 배당효과 등)

• 미국 우량주 중 배당성향 높은 주식 투자 시 배당수익도 + α 가능

• 편한 투자: 우량산업 ETF 투자

  ⇒ 단, 1년~2년 단위 산업전망을 통해 리벨런싱 작업 동반

    대기업이라고 망하지 말라는 보장이 없는 시대이다. 산업의 사이클도 지

    속적으로 관찰해야 한다. 삼성도 구글도 어떻게 될지 아무도 모르는 세

    상이다. 100% 우량주는 없다.

• 2008년 금융위기나 2020년 코로나 위기 같은 보통 대공황급 장은 10년에

  한 번꼴. 이 시기, 증여세를 조금 부담하더라도 추가 증여도 고려 → 공격적인

  투자 고려(30년간 최소 1~2번 정도)

10년 후 어느 정도 자산 형성 시 자녀 이름으로 소액 부동산 매수 가능

• 시세차익형: 수도권 내 발전 가능성(시세 상승) 높은 곳 위주 3,000만~4,000

  만 원 갭투자 가능

- 수익형: 오피스텔이나 지산 등 수익형 부동산 매수로 월세 흐름과 시세 상승 동시 추구

자녀 증여 30년 플랜

(자녀 한 명당)

	나이	무상증여	1세	2세	3세	4세	5세	6세	7세	8세	9세	10세
연 수익률 5% 가정	0세	20,000,000	21,000,000	22,050,000	23,152,500	24,310,125	25,525,631	26,801,913	28,142,008	29,549,109	31,026,564	32,577,893
	10세	20,000,000	11세	12세	13세	14세	15세	16세	17세	18세	19세	20세
	20세	50,000,000	52,577,893	55,206,787	57,967,127	60,865,483	63,908,757	67,104,195	70,459,405	73,982,375	77,681,494	81,565,568
			21세	22세	23세	24세	25세	26세	27세	28세	29세	30세
			131,565,568	138,143,847	145,051,039	152,303,591	159,918,770	167,914,709	176,310,444	185,125,967	194,382,265	220,949,533

	나이	무상증여	1세	2세	3세	4세	5세	6세	7세	8세	9세	10세
연 수익률 6.5% 가정	0세	20,000,000	21,300,000	22,684,500	24,158,993	25,729,327	27,401,733	29,182,846	31,079,731	33,099,913	35,251,408	37,542,749
	10세	20,000,000	11세	12세	13세	14세	15세	16세	17세	18세	19세	20세
	20세	50,000,000	57,542,749	61,283,028	65,266,425	69,508,742	74,026,811	78,838,553	83,963,059	89,420,658	95,233,001	101,423,146
			21세	22세	23세	24세	25세	26세	27세	28세	29세	30세
			151,423,146	161,265,651	171,747,918	182,911,533	194,800,782	207,462,833	220,947,917	235,309,532	250,604,651	296,617,098

	나이	무상증여	1세	2세	3세	4세	5세	6세	7세	8세	9세	10세
연 수익률 8% 가정	0세	20,000,000	21,600,000	23,328,000	25,194,240	27,209,779	29,386,562	31,737,486	34,276,485	37,018,604	39,980,093	43,178,500
	10세	20,000,000	11세	12세	13세	14세	15세	16세	17세	18세	19세	20세
	20세	50,000,000	63,178,500	68,232,780	73,691,402	79,586,715	85,953,652	92,829,944	100,256,339	108,276,846	116,938,994	126,294,114
			21세	22세	23세	24세	25세	26세	27세	28세	29세	30세
			176,294,114	190,397,643	205,629,454	222,079,811	239,846,195	259,033,891	279,756,602	302,137,131	326,308,101	402,418,531

	나이	무상증여	1세	2세	3세	4세	5세	6세	7세	8세	9세	10세
연 수익률 10% 가정	0세	20,000,000	22,000,000	24,200,000	26,620,000	29,282,000	32,210,200	35,431,220	38,974,342	42,871,776	47,158,954	51,874,849
	10세	20,000,000	11세	12세	13세	14세	15세	16세	17세	18세	19세	20세
	20세	50,000,000	71,874,849	79,062,334	86,968,568	95,665,424	105,231,967	115,755,163	127,330,680	140,063,748	154,070,122	169,477,135
			21세	22세	23세	24세	25세	26세	27세	28세	29세	30세
			219,477,135	241,424,848	265,567,333	292,124,066	321,336,473	353,470,120	388,817,132	427,698,845	470,468,730	613,225,167

③ 3억 + α면(연 수익률 8% 가정)

서울 아파트 전세 끼고 부담보 증여(갭투자) 가능

⇒ 자녀 한 명당 집 한 채 증여(상속): 목표 달성

단순하게 정리하면 우리가 재테크를 하는 목적이 무엇인지 정확히 생각하고 그 목적에 맞게 목표를 잘 설정하면 된다. 그 목표에 맞게 투자하는 법을 공부하고 실행하면 된다.

생각보다 복잡한 투자가 아니다. 그 이유는 투자의 발상 전환에 있다.

투자 절대원칙인 복리 적용: 투자는 최대한 일찍 시작하라

보통 투자를 할 때 최대한 빨리 시작하라는 조언을 많이 듣는다. 그 이유는 최대한 빨리 할수록 복리의 마술 효과를 극대화할 수 있기 때문이다. 하지만 먹고 사는 문제에 집중하느라 재테크에 관심을 40대 이후 가졌다면 남보다 늦게 시작했다는 마음에 투자의 가장 큰 장애물인 조급증에 빠지기 쉽다.

실제 자신이 투자하지만 명의만 자녀 이름으로 할 경우, 인식 전환만으로 투자 개념이 바뀌고 거대한 장애물이 해결된다. 명의만 바꿨을 뿐인데 늦은 투자가 최대한 일찍 시작한 투자로 전환된다(40세 → 0세).

어차피 재테크 목적 중 하나는 자녀에게 증여 및 상속이다. 이렇게 할 경우 세금도 절약하고 투자 원칙도 지킬 수 있는 일석이조의 효과가 있다. 배당이나 소액이라도 월세 흐름이 추가되면 같이 복리도 적립된다.

단기투자가 아니라 비자발적인 장기투자 형태

자녀 이름으로 투자하는 자금은 30년간 봉인하라. 절대 생활비나 비상자금이 아니다. 급한 자금이 아니니 단기 성과에 연연하지 않고 하락장에서도 편한 투자가 가능하다.

마흔에 시작해도 30년 투자 기간이 보장되니 투자 능력을 충분히 쌓을 수 있는 기간이다. 단순계산으로 9,000만 원을 30년간 운용하여 '3억 + α' 정도 만드는 것은 과한 목표나 욕심이 아니다.

와와가 제시하는 노후생활 꿀팁 핵심은 단순하다.

욕망을 채우되 욕심은 버리는 편한 투자이다. 그동안 어느 면에서 욕심이 과한 경우를 많이 보았다. 특히 한국에서 자녀에 대한 집착은 상상 이상이다. 오죽하면 노후의 가장 큰 리스크는 자녀 리스크라는 말까지 있다. 어떻게 보면 돈을 벌고 악착같이 모으려 하는 이유의 중심에 자녀들이 있다.

자녀들에게 조금이라도 경제적으로 지원하고자 하는 것은 욕망이다. 자녀들에게 부모가 모든 것을 책임지는 것이 진정한 교육적 목표인지 에 대한 것은 논외로 치더라도 조금이라도 지원하고자 하는 것은 부모의 인지상정이다. 다만 그게 과한 욕심을 넘어설 때 우리 불안한 노후가 보여 우리 현재를 과하게 희생하고 있는 현실이다.

입지 좋은 서울(수도권) 아파트 부담부 증여(전세 낀 갭 투자) 한 채가 여기서 제안하는 자녀를 위한 욕망과 욕심의 경계선, 임계점이다. 만 30세 서울(수도권) 아파트 한 채면 충분하지 않을까. 현재 MZ세대 혹은 90% 삶을 고려하면 결코 작은 목표가 아니다. 오히려 과하다. 청약을 활용하거나 자녀명의 대출로 그 이후 삶은 자녀들의 몫이다.

이것만으로 자식에게는 충분하고 더이상은 독이다. 그리고 우리 현재를 희생

슬기로운 노후 생활(경제적 + 자유인 프로젝트 ~ing)

하지 않아도 된다. 욕심이 과하면 안 된다. 많이 물려준다고 자녀들이 반드시 행복한 것은 아니다. 우리가 희생하지 않는 현재에서 아이들에게 아이 때, 10대 때 그 시기, 그 나이대에 같이 공유해야 할 경험이 더 중요하다는 것을 잊지 말자.

앞에 제시한 슬기로운 노후생활을 위한 꿀팁이 너무 단순하고 이상적이라고 생각할 수도 있다. 하지만 우리는 좀 더 나은 미래, 어제보다 조금 더 나은 오늘을 위해 투자 공부를 시작했다. 하지만 투자 공부를 꾸준히 한다면 이 정도 목표가 그렇게 과하다는 느낌이 들지 않는 때가 온다. 나중에 자식이 독립 후 투자는 더 마음 편하고 심리적으로 안정된다. 조급하지 않기 때문에 수익률은 더 올라간다. 어느 순간 경지에 닿으면 투자는 인생 공부와 연계된다.
통찰력을 가지고 여유롭게 보는 눈이 생긴다. 임장도 여행 가듯이 전국을 돌며 맛집 투어와 병행한다. 장기적 관점에서 주식투자를 하면서 노후에 게을러지기 쉬운 뇌를 재촉하여 치매 예방에도 도움이 된다. 경제적으로도 윤택해지고 건강에도 도움이 되는 그야말로 슬기로운 노후생활은 어렵지 않다.

부를 이끄는 마음 체력

초판 1쇄 인쇄 2022년 11월 7일
초판 1쇄 발행 2022년 11월 21일

지은이   라진수
펴낸이   임충진

펴낸곳   지음미디어
출판등록   제2017-000196호
전화   070-8098-6197
팩스   0504-070-6845
이메일   ziummedia7@naver.com
ISBN   979-11-980673-0-2 03320

값 17,000원